LES LANGUES MODERNES

Méthode 90 Junior
Anglais

Corinne Cohen-Coudar
responsable de formation à "Corporation Company",
professeur à New York University (Paris)

et

Brigitte Lumbroso

ILLUSTRATIONS DE JEAN-PAUL BARTHE

Le Livre de Poche

Sommaire

Présentation

La MÉTHODE 90 JUNIOR-ANGLAIS s'adresse aux enfants qui commencent l'apprentissage de l'anglais en famille ou à l'école. Elle va dans le sens des nouvelles orientations pédagogiques concernant l'initiation précoce aux langues étrangères.

C'est en partageant la vie d'une famille londonienne que l'enfant va faire ses débuts en anglais. Convié à participer aux activités et aux jeux des enfants Smith, il va s'identifier à eux et acquérir spontanément les mécanismes de base de cette langue.

Le père – John –, la mère – Mary –, les enfants – Lisa et Steven –, hébergent un sympathique petit extra-terrestre, répondant au nom de Shapy. C'est lui qui servira de guide à l'enfant car, comme lui, il découvre l'anglais.

Les 90 saynètes – ou leçons – qui composent la Méthode se développent selon un ordre progressif et cohérent permettant une acquisition graduée de la langue.

Chaque leçon est une structure simple d'une double page, qui doit être parfaitement assimilée avant de passer à la leçon suivante.

• Sur la page de gauche : un court dialogue en anglais illustrant un événement de la vie quotidienne, suivi de "Ready, Steady, Go!" (A vos marques, Prêt, Partez !). Exercices simples de mise en pratique du dialogue, dont les corrigés se trouvent à la fin du livre.
• Sur la page de droite : "In my language", traduction du dialogue, suivi de "Let's have fun!" et "More fun!", des jeux reprenant le vocabulaire et les expressions rencontrés dans la leçon, et des comptines du répertoire traditionnel anglais, que l'enfant pourra apprendre par cœur afin de s'imprégner du rythme de la phrase anglaise.

Les mots rencontrés au cours des 90 leçons sont traduits dans le lexique en fin d'ouvrage.

Regarder des images, jouer, chanter, tous les enfants le font spontanément dès leur plus jeune âge. Leurs dons naturels d'imitation leur permettent de reproduire sans grandes difficultés les sons qu'ils entendent. C'est pourquoi nous recommandons vivement l'utilisation des cassettes qui reprennent la totalité des dialogues.

Au début, les plus jeunes auront sans doute besoin du soutien de leurs parents. Il n'est pas nécessaire que ceux-ci parlent anglais. Ils feront ensemble l'apprentissage de l'anglais.

Il conviendra de respecter le rythme de chaque enfant. La Méthode 90 peut l'accompagner de l'âge de dix ans jusqu'à la fin de la sixième.

Donner aux enfants les moyens de communiquer dans l'Europe de demain est plus qu'un objectif : c'est une nécessité.

LESSON 1 What's your name?

Lisa and Steven:
Who are you?
What's your name?
Shapy:
My name's Shapy.
Lisa:
Hello! My name's Lisa.
Steven:
Hello! My name's Steven.

Ready, Steady, Go!

(A vos marques, prêt, partez !)

Mets les mots dans le bon ordre pour reconstruire ces trois phrases.

Exemple: YOUR WHAT NAME 'S ?
WHAT'S YOUR NAME?

1. 'S MY TOM NAME

....

2. YOU ARE WHO ?

....

3. MY 'S SARAH NAME

....

LEÇON 1 Comment t'appelles-tu ?

In my language *(Traduction)*

Lisa et Steven : Qui es-tu ? Comment t'appelles-tu?
Shapy : Je m'appelle Shapy.
Lisa : Bonjour ! Je m'appelle Lisa.
Steven : Bonjour ! Je m'appelle Steven.

Let's have fun!

(Amusons-nous !)

Complète la bulle : tu dois trouver une lettre par tiret.

More fun!

Trouve l'autre mot mystérieux (il est dans la leçon).

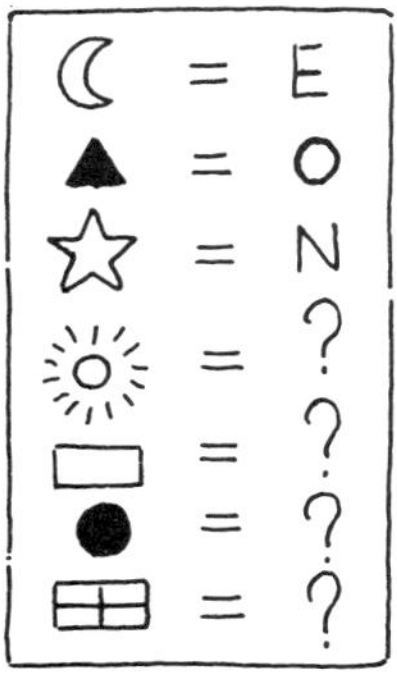

LESSON 2 Where do you come from?

Lisa:
Shapy, where do you come from?
Shapy:
I come from another planet: "Twinky".
Lisa: Where?
Shapy: In the sky, in the stars, and I'm lost.

Ready, Steady, Go!

D'où viennent ces enfants ? Complète les phrases, comme dans l'exemple.

Paris	**London**	**Pointe-à-Pitre**	**Rabat**
Where do you come from?	Where do you come from?	Where do you come from?	Where do you come from?
<u>**Ex.**</u> I come from Paris in France.	**1.** .... in England.	**2.** .... in Guadeloupe.	**3.** .... in Morocco.

LEÇON 2 D'où viens-tu?

In my language

Lisa : Shapy, d'où viens-tu ?
Shapy : Je viens d'une autre planète : « Twinky ».
Lisa : Où ?
Shapy : Dans le ciel, dans les étoiles, et je suis perdu.

Let's have fun!

Aide-toi des dessins pour compléter la grille.

1			S					
			H					
			A					
2			P					
3			Y					

More fun!

Ecoute cette comptine.

TWINKLE
Twinkle, twinkle little star
How I wonder what you are
Up above the world so high
Like a diamond in the sky.
Twinkle, twinkle little star
How I wonder what you are.

LESSON **3** # Show me your family

Shapy: Show me your family.
Mary: Hello, I'm Mary.
Lisa: She's my mother.
John: Hello, I'm John.
Steven: He's my father.
Lisa: He's my brother.
Steven: She's my sister.
Lisa: And look at my grandparents and my cousins!

Ready, Steady, Go!

Relie la phrase avec le mot qui convient, comme dans l'exemple.

Ex.	He's my	sister
1.	She's my	mother
2.	He's my	brother
3.	She's my	father

I'm = **I am** = Je suis. **He's** = **He is** = Il est. **She's** = **She is** = Elle est. **We're** = **We are** = Nous sommes

LEÇON 3 Montre-moi ta famille

In my language

Shapy : Montre-moi ta famille.
Mary : Bonjour, je m'appelle Mary (je suis Mary).
Lisa : C'est ma mère.
John : Bonjour, je m'appelle John.
Steven : C'est mon père.
Lisa : C'est mon frère.
Steven : C'est ma sœur.
Lisa : Et regarde mes grands-parents et mes cousins !

Let's have fun!

Complète l'arbre généalogique de Lisa et Steven.

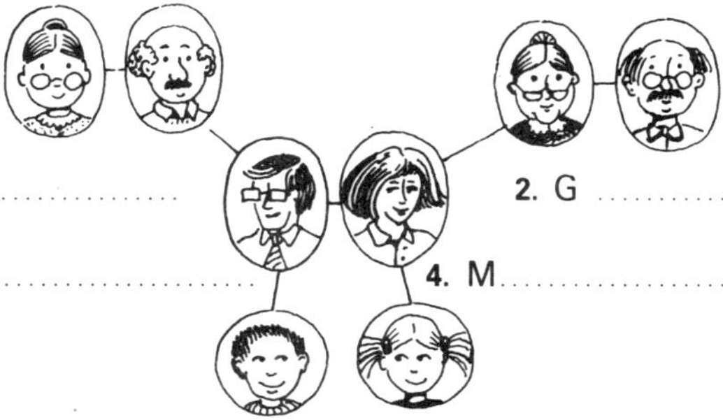

1. G ....

2. G ....

3. F ....

4. M ....

5. B ....

6. S ....

More fun!

Apprenons le verbe to be (être) en chantant.

I am (I'm) Shapy,
You are (you're) my friends,
He is (he's) Steven,
She is (she's) Lisa,
It is (it's) your family,
We are (we're) happy,
You are (you're) my friends,
They are (they're) your parents.

LESSON 4 My house

Shapy:
Show me your house.
Lisa:
Downstairs there's
the kitchen.
Shapy:
It's big!
Steven:
And there's the living-room.
Shapy:
It's comfortable!
Lisa:
But the dining-room is small.

Ready, Steady, Go!

Lis le texte ci-dessus et coche la bonne réponse.

1. Kitchen

Big ☐ Small ☐ Comfortable ☐

2. Dining-room

Big ☐ Small ☐ Comfortable ☐

3. Living-room

Big ☐ Small ☐ Comfortable ☐

It's = **it is** = il est **There's** = **there is** = il y a (suivi du singulier). Ex. **There's** the living-room (il y a le salon). **There's** a star in the sky (il y a une étoile dans le ciel).

LEÇON 4 Ma maison

In my language

Shapy : Montre-moi ta maison.
Lisa : En bas, il y a la cuisine.
Shapy : Elle est grande !
Steven : Et il y a le salon.
Shapy : Il est confortable !
Lisa : Mais la salle à manger est petite.

Let's have fun!

Choisis les lettres (une lettre par tiret) qui te donneront trois mots de la leçon. L'exemple t'aidera.

Ex. H V O T U D S E

H O U S E

1. D S I N M I N G T R O O M

_ _ _ _ _ _ [_] _ _ _ _

2. K U I T B C H O E N

_ _ _ _ _ _ _

3. L P I V O I N G P R O O B M

_ _ _ _ _ _ [_] _ _ _ _

LESSON 5 There are three bedrooms

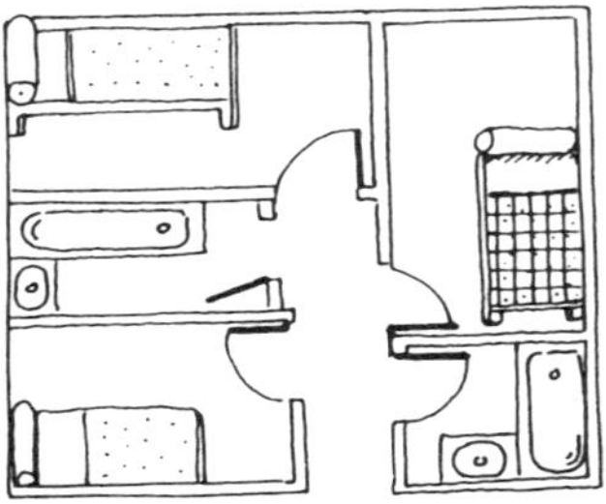

Shapy:
What's there upstairs?
Steven:
There are three bedrooms and two bathrooms.
Lisa:
But there's only one toilet!

Ready, Steady, Go!

Relie "there's" ou "there are" avec le bon élément, comme dans l'exemple.

three planets
THERE'S ——— two bedrooms
one bathroom
one house
THERE ARE ——— two stars
one toilet

One = un. **Two** = deux. **Three** = trois. **There are** = il y a (suivi du pluriel). Ex. **There are** three bedrooms (il y a trois chambres). **There are** two stars in the sky (il y a deux étoiles dans le ciel).

LEÇON 5 Il y a trois chambres

In my language

Shapy : Qu'y a-t-il en haut ?
Steven : Il y a trois chambres et deux salles de bains.
Lisa : Mais il y a seulement un W.C.

Let's have fun!

Remets les lettres dans le bon ordre pour retrouver les pièces de la maison.

Ex. O H S U E = H O U S E

1. C H I T K N E = — — — — — — —
2. B O O M R A T H = — — — — — — — —
3. M O B O D E R = — — — — — — —
4. R O N G M O L I V I = — — — — — — [–] — — — —
5. N O D I R O M I N G = — — — — — — [–] — — — —

More fun!

Dessine une maison et place ces mots dans ton dessin :

Kitchen - Bedroom(s) - Living-room - Dining-room - Bathroom - Downstairs - Upstairs

LESSON 6 Where are they?

Lisa:
Where's Shapy? Is he on the sofa?
John: No, he isn't.
Lisa: Is he under the table?
John: No, he isn't.
Lisa: Is he in the bedroom?
John: Yes, he is.
Lisa: Where's Mary?
John: She's in the armchair.
Lisa: Where's Steven?
John: He's under the bed.

Ready, Steady, Go!

Traduis ces légendes en français.

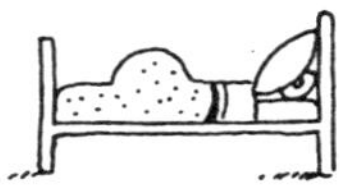

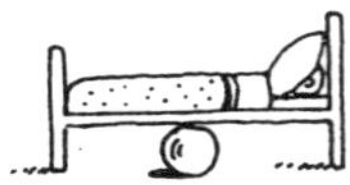

Ex. Under the chair. = Sous la chaise.	**1.** On the chair. = ...	**2.** In the bed. = ...	**3.** Under the bed. = ...

Where? interroge sur le lieu. **Where's?** forme contractée de **where is?** = Où est ? Ex. **Where's Shapy?** (où est Shapy ?) Remarque les réponses : **Yes, he is - No he isn't.** Elles reprennent le sujet et le verbe car en anglais il n'est pas très correct de répondre "yes" ou "no" tout seuls. **On** = sur. **Under** = sous.

LEÇON 6 Où sont-ils ?

In my language

Lisa : Où est Shapy ? Est-il sur le canapé ?
John : Non ! (il n'y est pas).
Lisa : Est-il sous la table ?
John : Non ! (il n'y est pas).
Lisa : Est-il dans la chambre ?
John : Oui ! (il y est).
Lisa : Où est Mary ?
John : Elle est dans le fauteuil.
Lisa : Où est Steven ?
John : Il est sous le lit.

Let's have fun !

Lis attentivement les questions dans les bulles et écris chaque réponse (une lettre par tiret).

1. _ _ , _ _   _ _ _ ' _

2. _ _ _ , _ _   _ _

LESSON **7** # Shapy's house

Shapy:
At home, the houses are different. The walls are transparent. There are no doors. There are no windows. We go into the house through the roof or the floor.

Lisa:
And what's there behind your house?

Shapy:
There's a flying garden.

Ready, Steady, Go!

Regarde ces dessins et coche la bonne réponse (right = vrai, wrong = faux).

Ex. The door is small.
☐ RIGHT
☒ WRONG

1. The roof is transparent.
☐ RIGHT
☐ WRONG

2. The windows are big.
☐ RIGHT
☐ WRONG

At home = à la maison. **Different** : en anglais, les adjectifs ne prennent pas la marque du pluriel. **In** = dans. **Into** = dans, quand il y a notion de mouvement. Ex. "**in** the sky" (dans le ciel) ; "we go **into** the house" (nous allons dans la maison ou nous entrons). **Through** = à travers, par. Ex. "We go into the house **through** the roof (on entre dans la maison par le toit). **Behind** = derrière.

LEÇON 7 La maison de Shapy

In my language

Shapy : Chez moi, les maisons sont différentes.
Les murs sont transparents. Il n'y a pas de portes.
Il n'y a pas de fenêtres. On entre dans la maison
par le toit ou le plancher.
Lisa : Et qu'y a-t-il derrière ta maison ?
Shapy : Il y a un jardin volant.

Let's have fun!

Trois meubles sont cachés dans ces lettres. Retrouve-les (une lettre par tiret).

1. — — —

2. — — — — —

3. — — — —

More fun!

Pioche dans ces mots celui qui correspond à chaque dessin.

door / window / house / roof / garden / wall

1. .... **2.** .... **3.** .... **4.** ....

LESSON 8 I'm hungry. I'm thirsty

Lisa:
I'm hungry.
Steven:
I'm thirsty
Shapy:
I don't understand.
Lisa:
On the earth, when we're hungry, we eat, and when we're thirsty, we drink.
Steven:
What about you?
Shapy:
We have a red tablet in the morning and a blue tablet in the evening.

Ready, Steady, Go!

Ecris la légende sous chaque dessin, comme dans l'exemple.

Ex.
She's hungry. **1.** .... **2.** ....

Attention à l'utilisation du verbe **to be** (être) dans certaines expressions : **to be thirsty** (avoir soif) ; **to be hungry** (avoir faim).

LEÇON 8 J'ai faim. J'ai soif

In my language

Lisa : J'ai faim
Steven : J'ai soif.
Shapy : Je ne comprends pas.
Lisa : Sur terre, quand nous avons faim, nous mangeons, et quand nous avons soif, nous buvons.
Steven : Et toi ?
Shapy : Nous prenons un comprimé rouge le matin et un comprimé bleu le soir.

Let's have fun!

Regarde bien la bulle et écris la phrase en entier.

. . . .

More fun!

Apprenons le verbe to have (avoir) en chantant.

I have a planet: Twinky,
You have a name: Shapy,
He has a name: Steven,
She has a name: Lisa,

We have a big house,
You have a nice family,
They have beautiful names.

LESSON 9 Meals

Mary:
There are three meals in a day: breakfast, lunch and dinner.

Lisa:
For breakfast we have coffee (1), tea (2), milk (3), or hot chocolate (4), bread and butter (5), jam (6), bacon and eggs (7), cereals (8).

Steven:
For lunch or dinner, we have fish and chips (1), chicken (2) or hamburgers (3), vegetables (4), fruit (5). We drink water (6) or orange juice (7).

Ready, Steady, Go!

Que mange et que boit Lisa pour le petit déjeuner.

EAT
(manger)

1. .... and ....

2. ....

3. .... and ....

4. ....

DRINK
(boire)

1. ....

2. ....

3. ....

4. ....

LEÇON **9** **Les repas**

In my language

Mary : Il y a trois repas dans une journée : le petit déjeuner, le déjeuner et le dîner.

Lisa : Pour le petit déjeuner, nous prenons du café, du thé, du lait ou du chocolat chaud, du pain beurré, de la confiture, des œufs au bacon, des céréales.

Steven : Pour le déjeuner ou le dîner, nous prenons du poisson et des frites, du poulet ou des hamburgers, des légumes, des fruits. Nous buvons de l'eau ou du jus d'orange.

Let's have fun!

Que prennent-ils au petit déjeuner et au déjeuner ? Place les mots dans le bon ordre.

vegetables / hot chocolate / cereals / orange juice / chicken / jam / hamburger / coffee / fish and chips / bread and butter / water / bacon and eggs.

breakfast	*lunch*

Attention ! Pas d'article devant les noms de repas : **breakfast** = le petit déjeuner.

LESSON 10 What are you doing?

Shapy:
Steven, what are you doing?
Steven:
I'm upstairs in my bedroom, I'm reading a book.
Shapy:
Lisa, are you watching T.V.?
Lisa:
No, I'm not. I'm writing.
Shapy:
What's your father doing?
Lisa:
Daddy's cooking in the kitchen and Mummy's looking at him and she's laughing.

Ready, Steady, Go!

Place la bonne phrase sous chaque dessin, comme dans l'exemple : I'm writing - I'm reading - I'm watching T.V.

Ex. I'm cooking

1. ....

2. ....

3. ....

LEÇON 10 Que fais-tu ?

In my language

Shapy : Steven, que fais-tu ?
Steven : Je suis en haut dans ma chambre, je lis un livre.
Shapy : Lisa, tu regardes la télé ?
Lisa : Non. J'écris.
Shapy : Que fait ton père ?
Lisa : Papa prépare le repas dans la cuisine et maman le regarde et elle rit.

Let's have fun!

What are they doing? Ecris la réponse sous chaque dessin.

Ex.	**1.**	**2.** ....
He's reading	....	....

More fun!

Ecoute cette comptine.

BROTHER JOHN

Are you sleeping, are you sleeping?
Brother John, brother John,
Morning bells are ringing,
Morning bells are ringing,
Ding, ding, dong,
Ding, ding, dong.
(bis)

LESSON 11 Can you count?

Lisa: Shapy! How many brothers and sisters have you got?
Shapy: I've got ten sisters and six brothers.
Lisa: Wow! I've only got one brother and that's enough.

Ready, Steady, Go!

Tu comptes jusqu'à douze à haute voix :
ONE - TWO - THREE - FOUR - FIVE - SIX - SEVEN - EIGHT - NINE - TEN - ELEVEN - TWELVE.

Encore une fois :
ONE - TWO - THREE - FOUR - FIVE - SIX - SEVEN - EIGHT - NINE - TEN - ELEVEN - TWELVE.
Et maintenant tu écris.

Ex. 12 = Twelve 3 = ...

8 = ... 11 = ...

5 = ... 9 = ...

2 = ... 10 = ...

Tu diras **I've got** pour dire "j'ai" dans le sens de "je possède". Tu emploieras **Have you got?** pour poser la question "as-tu ?" Forme contractée : **I have got** = **I've got; he has got** = **he's got**.

LEÇON **11** **Sais-tu compter ?**

In my language

Lisa : Shapy! Combien de frères et de sœurs as-tu ?
Shapy : J'ai dix sœurs et six frères.
Lisa : Ouah ! J'ai seulement un frère et ça me suffit.

Let's have fun!

Trace ton chemin dans ce labyrinthe pour rejoindre Shapy.

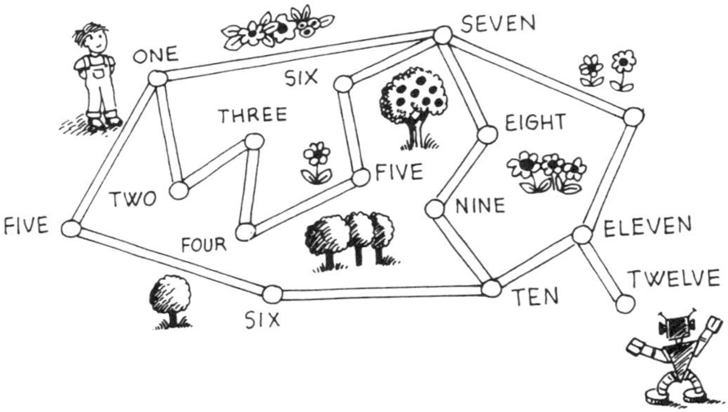

More fun!

Ecoute cette comptine.

One, two, three, four, five,
Once I caught a fish alive,
Six, seven, eight, nine, ten,
Then I let it go again.

Why did you let it go?
Because it bit my finger so.
Which finger did it bite?
This little finger on my right.

LESSON 12 Clap your hands (the body)

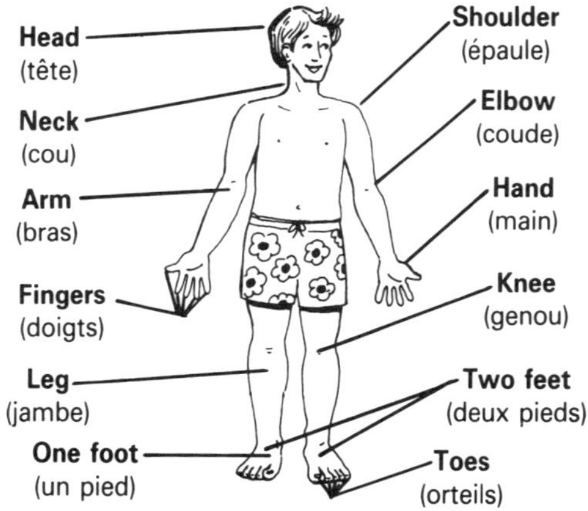

Lisa: I can touch with my fingers. I can clap my hands. I can walk with my legs.
Steven: I can kick a ball with my foot. And I think with my head!

Ready, Steady, Go!

Quel étrange personnage ! Combien a-t-il de têtes, de bras, de jambes, de doigts et d'orteils ? Complète les phrases, comme dans l'exemple (une lettre par tiret). **He's got** = il a.

Ex. He's got THREE heads.

1. He's got _ _ _ _ arms.

2. He's got _ _ _ leg.

3. He's got _ _ _ fingers.

4. He's got _ _ _ _ _ toes.

LEÇON **12** **Applaudis (le corps)**

In my language

Lisa : Je peux toucher avec mes doigts. Je peux applaudir. Je peux marcher avec mes jambes.
Steven : Je peux taper dans un ballon avec mon pied. Et je pense avec ma tête !

Let's have fun!

Ces mots ont perdu leurs voyelles. Retrouve-les, comme dans l'exemple.

E
Ex. L ? G = LEG

1. T ? E S = ... **2.** H ? A D = ...
3. F ? N G ? R S = ... **4.** F ? ? T = ...
5. K N ? ? = ... **6.** B ? D ? = ...

More fun!

Ecoute cette chanson.

IF YOU'RE HAPPY

If you're happy and you know it,
Clap your hands.
If you're happy and you know it,
Clap your hands.
If you're happy and you know it,
And you really want to show it.
If you're happy and you know it,
Clap your hands.

If you're happy and you know it,
Stamp your feet.
If you're happy and you know it,
Stamp your feet.
If you're happy and you know it,
And you really want to show it,
If you're happy and you know it,
Stamp your feet.

LESSON 13 Touch your nose (the face)

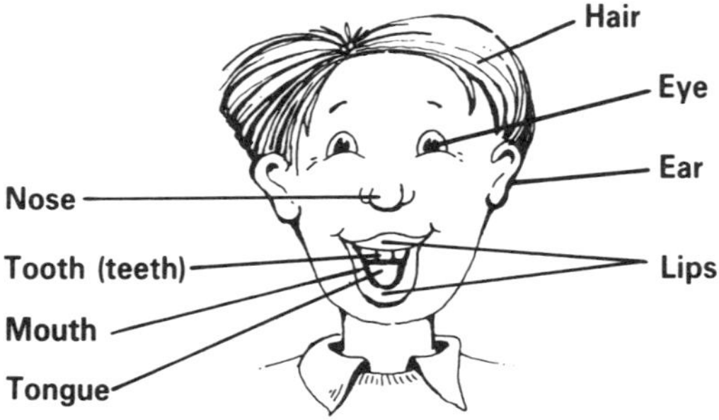

Steven: I can hear with my ears. I can smell with my nose. I can see with my eyes and I can speak with my mouth.
Lisa: And you can give your sister a big kiss!

Ready, Steady, Go!

Que peux-tu faire avec : tes OREILLES - ta BOUCHE - tes YEUX - ton NEZ ? Réponds comme dans l'exemple (une lettre par tiret).

Ex. With my EARS, I can HEAR.

1. With my MOUTH,
I can _ _ _ _ _

2. With my EYES,
I can _ _ _

3. With my NOSE,
I can _ _ _ _ _

Un, une (article indéfini) se traduit par **a** ou par **an** si le mot qui suit commence par une voyelle. Ex.: **a** nose (un nez), **an** ear (une oreille).

LEÇON 13 Touche ton nez (le visage)

Steven : J'entends avec mes oreilles. Je sens avec mon nez. Je vois avec mes yeux et je parle avec ma bouche.
Lisa : Et tu peux donner un gros baiser à ta sœur !

Let's have fun!

Peux-tu trouver le mot mystérieux ? Il est dans la colonne fléchée.

Mot mystérieux = ...

More fun!

Ecoute cette chanson et touche ta tête, tes épaules, etc.

Head, shoulders
Knees and toes, } *(bis)*
Knees and toes.
Eyes and ears and
mouth and nose,

Head, shoulders,
Knees and toes,
Knees and toes.

LESSON 14 My head is a square (shapes)

Lisa:
What are you doing Shapy?
Shapy:
I'm looking at myself in a mirror.
Lisa:
Why?
Shapy:
Because I'm so different from you. Look. My head is a square. My body is a triangle. My arm is a rectangle. My foot is a circle.

Ready, Steady, Go!

Les lettres ont été mélangées. Retrouve les mots que tu viens d'apprendre et dessine la forme qui correspond au mot.

Ex. T A N G E C L E R = RECTANGLE

1. R I C C E L = _ _ _ _ _ _

2. LETINARG = _ _ _ _ _ _ _ _

3. SARQUE = _ _ _ _ _ _

A la question **Why?** (pourquoi ?) correspond la réponse **Because** (parce que).

LEÇON 14 Ma tête est un carré (les formes)

In my language

Lisa : Que fais-tu Shapy ?
Shapy : Je me regarde dans une glace.
Lisa : Pourquoi ?
Shapy : Parce que je suis si différent de vous. Regarde.
Ma tête est un carré. Mon corps est un triangle. Mon bras est un rectangle. Mon pied est un cercle.

Let's have fun!

Dessine un petit personnage en suivant les explications qui te sont données.

The body is a square.
The head is a circle.
The arms are triangles.
The feet are squares.
The mouth is a square.
The eyes are circles.

More fun!

La planète de Shapy est étrange. Elle est faite de formes géométriques. Peux-tu les compter et écrire combien tu en vois, comme dans l'exemple ?.

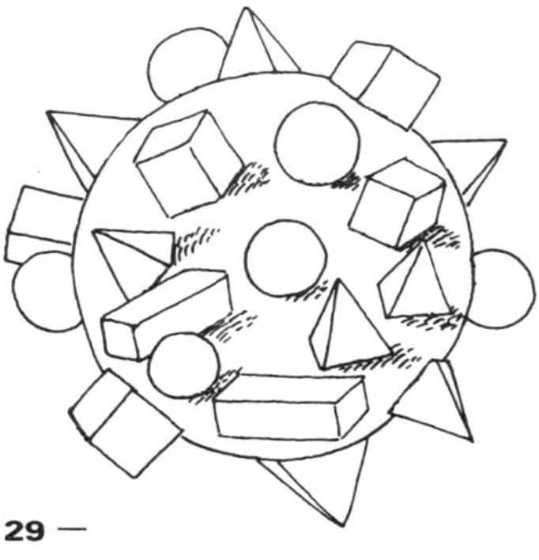

Ex. I can see TWO rectangles.

1. I can see
— — — circles.

2. I can see
— — — — — triangles.

3. I can see
— — — — squares.

LESSON 15 More numbers!

Tu te souviens de la leçon 11, où tu as appris les nombres jusqu'à TWELVE (12) ?
Aujourd'hui, nous allons apprendre les nombres jusqu'à cent, et nous compterons jusqu'à trente. Lisa et Steven vont répéter après moi. Écoute bien ! Tu peux compter avec nous.

Steven:

1 One
2 Two
3 Three
4 Four
5 Five
6 Six
7 Seven
8 Eight
9 Nine
10 Ten
11 Eleven
12 Twelve
13 Thirteen
14 Fourteen
15 Fifteen

Lisa:

16 Sixteen
17 Seventeen
18 Eighteen
19 Nineteen
20 Twenty
21 Twenty-one
22 Twenty-two
23 Twenty-three
24 Twenty-four
25 Twenty-five
26 Twenty-six
27 Twenty-seven
28 Twenty-eight
28 Twenty-nine
30 Thirty

Lisa: 40 Forty 50 Fifty 60 Sixty 70 Seventy

Steven: 80 Eighty 90 Ninety 100 One hundred

LEÇON 15 Encore des nombres !

Ready, Steady, Go!

1. En partant de TWENTY, compte de 2 en 2, et écris le nombre sur le ventre du robot.

2. Ecris le résultat de l'addition dans la tête de la fusée.

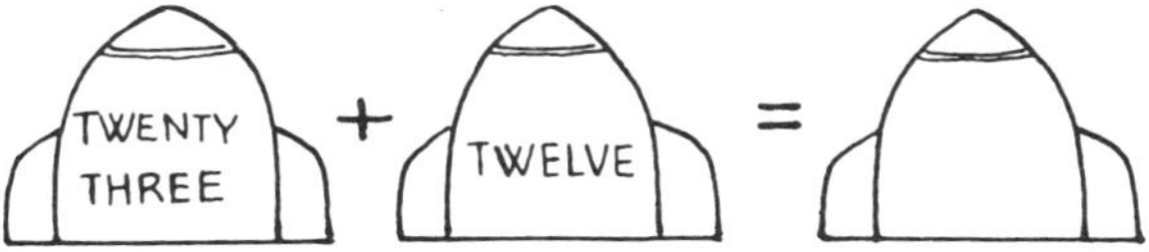

3. Quel est le résultat de la soustraction ? Marque-le dans l'étoile.

4. Compte en descendant de 10 en 10. Ecris les nombres sur les wagons.

LESSON 16 What beautiful colours!

Shapy: Wow! What's that up there in the sky?
Lisa: It's a rainbow.
Shapy: What beautiful colours!
Lisa: Red, orange, yellow, green, blue, purple, pink.

Ready, Steady, Go!

Colorie chacun des cercles puis mélange les couleurs. Comme dans l'exemple, écris la couleur que tu auras obtenue.

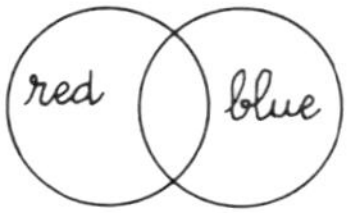

Ex. PURPLE

1. _ _ _ _ _

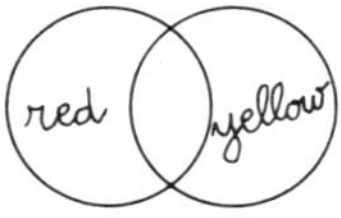

2. _ _ _ _ _ _

What beautiful colours! = que de belles couleurs ! **What** exprime ici l'exclamation.

LEÇON 16 Que de belles couleurs!

In my language

Shapy : Ouah ! Qu'est-ce que c'est ça là-haut dans le ciel ?
Lisa : C'est un arc-en-ciel.
Shapy : Que de belles couleurs !
Lisa : Rouge, orange, jaune, vert, bleu, violet, rose.

Let's have fun!

Colorie l'objet que ces personnages tiennent dans leurs mains, comme la légende te l'indique.

1. She's got a red balloon.

2. He's got a pink ice-cream.

3. She's got a green book.

More fun!

Ecoute cette comptine.

Roses are red
Violets are blue
Sugar is sweet
And so are you.
} *(bis)*

LESSON 17 More colours!

Shapy: Lisa, tell me more about colours.
Lisa: Snow is white. Look at the white snow, Shapy.
Steven: My shoes are black. Look at my black shoes, Shapy.
Lisa: That rose is red. Look at the red rose, Shapy.
Steven: That mouse is grey. Look at the grey mouse, Shapy.
Lisa: Look Shapy, I've got brown eyes.

Ready, Steady, Go!

Complète ces phrases, comme dans l'exemple (une lettre par tiret).

Ex. Look! The red rose.
The rose is red.

Look! The yellow sun.
1. The sun is _ _ _ _ _ _

Look! The white car.
2. The car is _ _ _ _ _

Look! The green tree.
3. The tree is _ _ _ _ _

LEÇON 17 Encore des couleurs !

In my language

Shapy : Lisa, parle-moi encore des couleurs.
Lisa : La neige est blanche. Regarde la neige blanche, Shapy.
Steven : Mes chaussures sont noires. Regarde mes chaussures noires, Shapy.
Lisa : Cette rose est rouge. Regarde cette rose rouge, Shapy.
Steven : Cette souris est grise. Regarde cette souris grise, Shapy.
Lisa : Regarde Shapy, j'ai les yeux marrons.

Let's have fun!

Complète ce dessin et colorie-le en suivant les indications :
1. A blue sky. **2**. A yellow sun. **3**. A red car. **4**. A green tree.

More fun!

Colorie les deux drapeaux : **1** = White, **2** = Red, **3** = Blue.

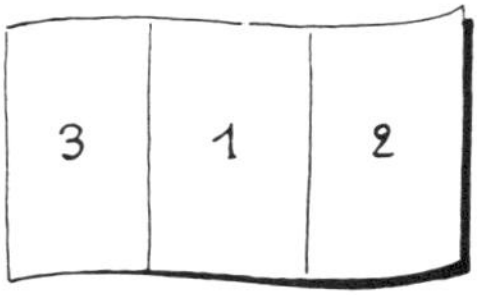

Let's get dressed!

Steven: Let's go out this afternoon! Shapy, change your clothes. Take off your space suit. Put on these trousers and this shirt. Put on these socks and shoes. Don't forget this pullover.
Shapy: It's very big!

Ready, Steady, Go!

Aide Steven à s'habiller. Dessine sur une feuille de papier les vêtements qu'il doit mettre.

1. Put on your trousers.
2. Put on your shirt.
3. Put on your pullover.

Maintenant, aide Lisa à se déshabiller. Barre sur le dessin les vêtements que tu lui demandes de retirer.

1. Take off your socks.
2. Take off your shoes.
3. Take off your pullover.

This = ce, ceci, cela. **These** = ces, ceux, celles-ci.

LEÇON 18 Habillons-nous !

In my language

Steven : Sortons cet après-midi. Shapy, change-toi. Enlève ton costume d'espace. Mets ce pantalon et cette chemise. Mets ces chaussettes et ces chaussures. N'oublie pas ce pull-over.
Shapy : Il est très grand !

Let's have fun!

Il y a cinq vêtements cachés dans cette grille. Si tu les retrouves, entoure-les. Il te restera cinq lettres qui, remises dans le bon ordre, te donneront le nom d'une couleur.

S	U	I	T	L	L
T	R	O	U	S	E
S	H	I	R	T	R
P	U	L	L	O	S
Y	E	R	E	V	O
S	H	O	E	S	W

Vêtements =

1. _ _ _ _
2. _ _ _ _ _ _ _ _
3. _ _ _ _ _
4. _ _ _ _ _ _ _ _
5. _ _ _ _ _

Couleur = _ _ _ _ _

More fun!

Ecoute cette comptine.

Diddle, diddle, dumpling,
My son John,
Went to bed with his trousers on.
One shoe off and one shoe on.
Diddle, diddle, dumpling,
My son John.

LESSON 19 I'm getting my bag ready

Shapy: What are you doing Lisa?
Lisa: I'm going to Benjamin's for the week-end. I'm getting my bag ready.
Shapy: What are you taking?
Lisa: I'm taking one dress, one skirt, one blouse, my pyjamas, a sweat-shirt. And my boots and my hat in case of rain.

Ready, Steady, Go!

Qu'y a-t-il dans ce sac ? Inscris le nom des vêtements que tu reconnais.

1. _ _ _ _ _
2. _ _ _ _ _
3. _ _ _ _ _ _ _
4. _ _ _ _ _ _ _ _
5. _ _ _
6. _ _ _ _ _ _ _ _
7. _ _ _ _ _

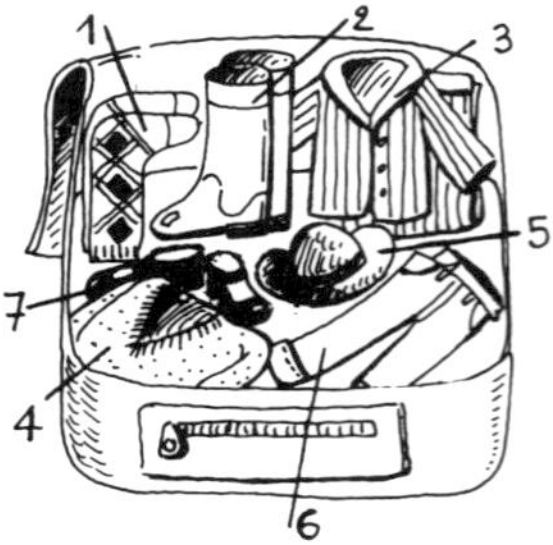

To wear = porter des vêtements. **He's wearing a hat** = il porte un chapeau. **Pyjamas** est toujours au pluriel, comme **trousers** (pantalon).

LEÇON 19 Je prépare mon sac

In my language

Shapy : Que fais-tu Lisa ?

Lisa : Je vais chez Benjamin pour le week-end. Je prépare mon sac.

Shapy : Que prends-tu ?

Lisa : Je prends une robe, une jupe, un chemisier, mon pyjama, un sweat-shirt. Et mes bottes et mon chapeau au cas où il pleuvrait.

Let's have fun!

Qui est qui ? D'après la description de leurs vêtements, tu dois retrouver le prénom de chacun des enfants.

- Benjamin's wearing trousers, shoes and socks, and a T-shirt.
- Tom's wearing a suit and a pair of boots.
- Anna's wearing a dress, a hat and shoes.
- Jessica's wearing a skirt, a blouse and shoes.

1. .... **2.** .... **3.** .... **4.** ....

More fun!

Quels vêtements portes-tu aujourd'hui ? Enumère-les et complète la phrase.

I'm wearing ....

....

LESSON 20 Let's have a bath!

Mary: You're both so dirty! Why don't you have a bath? Wash your hair with shampoo and your face with soap. Okay boys?
Brush your teeth and don't forget to put toothpaste on your toothbrush.
Mary: You look so clean in your white towels!

Ready, Steady, Go!

Dans chaque groupe de lettres, il y a un mot caché. Lequel ?

H Z S L	A U C B O E R S	R U B T B C E R A N
R A O S	U S H A M P O O	O A C D E U F G I R
E B A T	V T R T U S B F	T O O T H B R U S H
U R P V	T O U R D E B A	J E K R M C H S U V

1. _ _ _ _ **2.** _ _ _ _ _ _ _ _ **3.** _ _ _ _ _ _ _ _ _ _ _

To have a bath = prendre un bain. **Both** (les deux): on ne met jamais d'article devant : **Both children** = les deux enfants. **Hair** (les cheveux) est invariable et toujours suivi d'un verbe au singulier : **My hair is dirty** = mes cheveux sont sales.

LEÇON **20** # Prenons un bain !

In my language

Mary : Vous êtes si sales tous les deux ! Pourquoi ne prenez-vous pas un bain ? Lavez-vous les cheveux avec du shampooing et le visage avec du savon. D'accord les garçons ? Brossez-vous les dents et n'oubliez pas de mettre du dentifrice sur votre brosse à dents.
Mary : Vous avez l'air si propres dans vos serviettes blanches !

Let's have fun!

Steven se brosse les dents. Que font Lisa et Mary ?

Steven's brushing his teeth.	Lisa	Mary ....

More fun!

Ecoute cette chanson.

THIS IS THE WAY

This is the way you wash my face,
Wash my face, wash my face,
This is the way you wash my face,
Early in the morning.

This is the way you wash my hands,
Wash my hands, wash my hands,
This is the way you wash my hands,
Early in the morning.

This is the way you brush my teeth
Brush my teeth, brush my teeth,
This is the way you brush my teeth.
Early in the morning.

LESSON 21 Whose book is this?

Mary: Whose bag is this?
Lisa: It's my bag.
Mary: Whose book is this?
Shapy: It's Steven's book.
Mary: And whose pencil case is this?
Steven: It's Lisa's case.
Mary: And whose exercise-book is this?
Lisa: It's Shapy's.

Ready, Steady, Go!

Regarde les dessins et réponds aux questions.

1. Whose pencil is this?

– ....

2. Whose hat is this?

– ....

Attention à la question avec **whose**: on supprime l'article devant le nom. **Whose bag is this?** = à qui est ce livre ? La possession est exprimée par **'s,** le possesseur est placé le premier : **Steven's book** = le livre de Steven.

LEÇON 21 A qui est ce livre ?

In my language

Mary : A qui est ce cartable ?
Lisa : C'est mon cartable.
Mary : A qui est ce livre ?
Shapy : C'est le livre de Steven.
Mary : Et à qui est cette trousse ?
Steven : C'est la trousse de Lisa.
Mary : Et à qui est ce cahier ?
Lisa : C'est celui de Shapy.

Let's have fun!

Pose la question correspondant à l'objet dessiné.

Ex. Whose book is this?

1. ....?

2. ....?

More fun!

Ecoute cette comptine.

THREE BLIND MICE

Three blind mice, three blind mice,
See how they run, see how they run.
They all ran after the farmer's wife,
Who cut off their tails with a carving knife,
Did you ever see such a thing in your life
As three blind mice!

LESSON 22 At school

The teacher: Good morning children! Sit down! I'm Mrs. Jackson.
The children: Good morning Mrs Jackson!
The teacher: Lisa, come to the blackboard! Write: the chalk, the rubber, the pen, the pencil, the exercise-book and the book.
The teacher: Who are my pupils?
The children: We are! We are!

Ready, Steady, Go!

Relie chaque mot à son dessin.

TEACHER CHALKS

PUPIL BLACKBOARD

LEÇON 22 A l'école

In my language

La maîtresse : Bonjour les enfants ! Asseyez-vous !
Je suis madame Jackson.
Les enfants : Bonjour madame Jackson !
La maîtresse : Lisa, viens au tableau noir. Ecris : la craie, la gomme, le crayon, le stylo, le cahier et le livre.
La maîtresse : Qui sont mes élèves ?
Les enfants : Nous ! Nous !.

Let's have fun!

Qui a obéi à Simon ? Mets une croix devant son nom.

1. Simon says:
"Touch your nose".

1.
☐ John
☐ Ali
☐ Jessi

2. Simon says:
"Sit down".

2.
☐ Jessi
☐ Allison
☐ Talia

3. Simon says :
"Put your hands in your pockets".

3.
☐ Jessi
☐ Oliver
☐ Mark.

LESSON 23 It's so high!

Lisa: He's thin!
Steven: No, he's fat.
Lisa: It's so high!
Steven: No, it's low.
Lisa: It's big!
Steven: No, it's so small.

Lisa: He's rich!
Steven: No, he's poor.
Lisa: It's old!
Steven: No, it's new.
Lisa: He's sad!
Steven: No, he's happy.

Ready, Steady, Go!

Regarde bien ces dessins et coche le bon adjectif.

1.
☐ FAT
☐ THIN

2.
☐ HIGH
☐ LOW

3.
☐ BIG
☐ SMALL

4.
☐ POOR
☐ RICH

5.
☐ COLD
☐ HOT

6.
☐ NEW
☐ OLD

7.
☐ HAPPY
☐ SAD

LEÇON 23 C'est si haut !

In my language

Lisa : Il est mince !
Steven : Non, il est gros.
Lisa : Elle est si haute !
Steven : Non, elle est basse.
Lisa : Elle est grande !
Steven : Non, elle est si petite.

Lisa : Il est riche !
Steven : Non, il est pauvre.
Lisa : Il est vieux !
Steven : Non, il est neuf.
Lisa : Il est triste !
Steven : Non, il est heureux.

Let's have fun!

Rends ces phrases exclamatives en utilisant **so** comme dans l'exemple.

More fun!

Complète ce dessin et colorie-le en suivant bien les indications.

1. The sun is high and yellow. 2. The ball is blue and small.
3. The tree is big and green.

LESSON **24** # What's the day today?

MONDAY	1	
TUESDAY	2	
WEDNESDAY	3	
THURSDAY	4	
FRIDAY	5	
SATURDAY	6	
SUNDAY	7	

Shapy: What's the day today?
Steven: Today's Monday. It's the first day of the week. There are seven days in a week.
Monday is the first day. Tuesday is the second day. Wednesday is the third day. Thursday is the fourth day. Friday is the fifth day. Saturday is the sixth day. Sunday is the seventh day.

Ready, Steady, Go!

Complète les phrases ci-dessous. Les jours de la semaine s'écrivent toujours avec une majuscule.

1. Monday is the _ _ _ _ _ day of the week.

2. The fourth day of the week is _ _ _ _ _ _ _ _

3. _ _ _ _ _ _ _ is the second day of the week.

4. Wednesday is the _ _ _ _ _ day of the week.

5. _ _ _ _ _ _ is the fifth day of the week.

6. The sixth day of the week is _ _ _ _ _ _ _ _

7. Sunday is the _ _ _ _ _ _ _ day of the week.

1er = **the first** = **1st**. 2^{e} = **the second** = **2nd**. 3^{e} = **the third** = **3rd**. 4^{e} = **the fourth** = **4th**. 5^{e} = **the fifth** = **5th**. 6e = **the sixth** = **6th**. 7e = **the seventh** = **7th**.

Quel jour sommes-nous ?

In my language

Shapy : Quel jour sommes-nous ?

Steven : Aujourd'hui nous sommes lundi. C'est le premier jour de la semaine. Il y a sept jours dans une semaine.

Lundi est le premier jour. Mardi est le deuxième jour. Mercredi est le troisième jour. Jeudi est le quatrième jour. Vendredi est le cinquième jour. Samedi est le sixième jour. Dimanche est le septième jour.

Let's have fun!

Complète cette grille
avec les jours de la semaine.

More fun!

Ecoute cette chanson.

Monday, Tuesday,
Wednesday and Thursday,
Friday, Saturday,
And Sunday too,
These are the days of the week, of the week. (bis)

LESSON **25** **Let's look at the calendar!**

Steven: Shapy, look at the calendar. There are twelve months in a year: January, February, March, April, May, June, July, August, September, October, November and December.

Ready, Steady, Go!

Relie la phrase au mois, comme dans l'exemple.

Ex. The sixth month is
1. The fourth month is
2. The first month is
3. The second month is

APRIL JUNE MAY AUGUST

4. The seventh month is
5. The eighth month is
6. The fifth month is

JULY JANUARY FEBRUARY

LEÇON 25 Regardons le calendrier !

In my language

Steven : Shapy, regarde le calendrier. Il y a douze mois dans une année : janvier, février, mars, avril, mai, juin, juillet, août, septembre, octobre, novembre et décembre.

Let's have fun!

Ecris les mois de l'année dans le bon ordre.

1. JANUARY. **2**. .... **3**. ....

4. .... **5**. .... **6**. ....

7. .... **8**. .... **9**. ....

10. .... **11**. .... **12**. ....

More fun!

Complète les phrases pour donner l'ordre d'arrivée des coureurs.

Ex. Benjamin's seventh.

☐ Jessi's ....

☐ Allison's ....

☐ Jessica's ....

☐ Talia's ....

☐ Oliver's ....

☐ Mark's ....

LESSON 26 The seasons

Lisa: There are four seasons in a year.
In winter, it snows and the weather is cold.
In spring, the trees blossom and the weather is warm.
In summer, the sun shines and the weather is hot.
Steven: And in autumn, the leaves fall and it rains a lot.

Ready, Steady, Go!

Relie chaque mot à son dessin.

RAIN

SNOW

SUN

LEAVES

TREES

LEÇON 26 Les saisons

In my language

Lisa : Il y a quatre saisons dans une année. En hiver, il neige et il fait froid. Au printemps, les arbres fleurissent et il fait bon. En été, le soleil brille et il fait chaud.

Steven : Et en automne, les feuilles tombent et il pleut beaucoup.

Let's have fun!

Regarde bien ce dessin. Ne trouves-tu pas qu'il est étrange ? Dis pourquoi en complétant les phrases (une lettre par tiret).

Ex. It's raining.

1. John's _ _ _ _ _ _ _ a pullover.

2. The leaves are _ _ _ _ _ _

3. Mary's _ _ _ _

More fun!

Ecoute cette comptine.

Rain, rain go away,
Come again another day.
Little John wants to play.
Rain, rain go away.

LESSON 27 What's the weather like?

Steven: What's the weather like today Lisa?
Lisa: It's warm and sunny, there are no clouds in the sky.
Shapy! The weather's really nice, take off your boots and your raincoat.

Ready, Steady, Go!

Trouve cinq mots qui se rapportent à la leçon (une lettre par tiret).

T	C	L	O	U	D	S
W	E	A	T	H	E	R
S	P	K	O	N	V	S
R	B	W	A	R	M	K
T	A	G	J	L	I	Y
S	U	N	N	Y	P	W

1. _ _ _ _ _ _ **2.** _ _ _ _ _ _ _

3. _ _ _ _ **4.** _ _ _ _ _ **5.** _ _ _

LEÇON 27 Quel temps fait-il ?

In my language

Steven : Quel temps fait-il aujourd'hui Lisa ?
Lisa : Le temps est chaud et ensoleillé, il n'y a pas de nuages dans le ciel. Shapy! Il fait vraiment très beau, enlève tes bottes et ton imperméable.

Let's have fun!

Quel temps fait-il dans ces villes anglaises (une lettre par tiret).

Ex. London: rain.

1. Dover: _ _ _

2. Southampton: _ _ _ _ _ _

3. Manchester: _ _ _ _

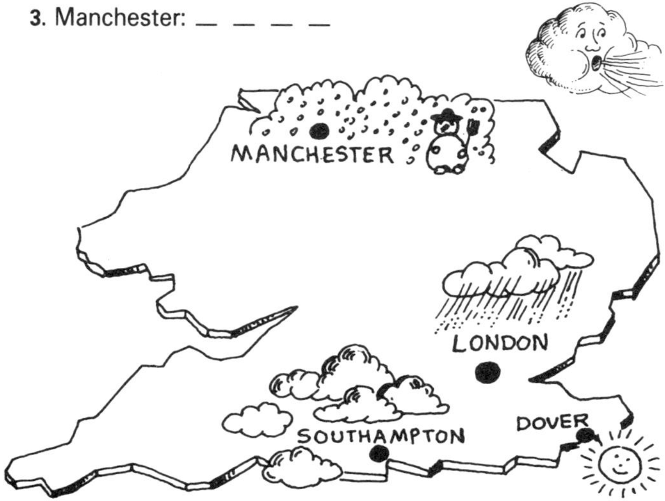

LESSON 28 Are you cold, Shapy?

Lisa: The wind's blowing. It's so windy, we can't play outside. Are you cold Shapy?
Shapy: No. I'm not. I'm hot.
Lisa: Well then, come and sit next to me.

Ready, Steady, Go!

Dans chacune de ces séries, il y a mot intrus. Entoure-le, comme dans l'exemple.

Ex. Hot - Cold - [Cup] - Warm.

1. Red - Apple - Blue - Yellow.

2. Tea - Water - Cloud - Milk.

3. Sixteen - Father - Mother - Sister.

Attention à l'utilisation du verbe **to be** (être) dans certaines expressions pour lesquelles, en français, on utilise le verbe avoir : **To be cold** = avoir froid, **to be hot** = avoir chaud.

LEÇON 28 As-tu froid, Shapy ?

In my language

Lisa : Le vent souffle. Il y a tellement de vent, nous ne pouvons pas jouer dehors. As-tu froid Shapy ?
Shapy : Non, je n'ai pas froid, j'ai chaud.
Lisa : Alors, viens t'asseoir près de moi.

Let's have fun!

What's the weather like? Ecris ta réponse à côté de chaque dessin, comme dans l'exemple.

Ex. It's raining.

3. Steven . . . . .

. . . .

1. The sun . . . .

. . . .

4. Mary . . . .

. . . .

2. The wind . . .

. . . .

More fun!

Ecoute cette chanson, elle parle du vent du sud.

BLOW THE WIND SOUTHERLY

Blow the wind southerly, southerly, southerly,
Blow the wind south over the bonny blue sea.
Blow the wind southerly, southerly, southerly,
Blow bonny breeze, my true lover to me.

LESSON 29 What's the date?

Lisa: Daddy, what's the date?
John: Today is November 2nd (*Whispering*). Don't forget, your mother's birthday is on November 3rd. It's tomorrow.
Lisa: I know Daddy. I have a nice surprise for her. She'll be happy!

Ready, Steady, Go!

Ecris dans l'ordre les dates qui sont entourées sur ce calendrier. Si cela est trop difficile, retourne réviser la leçon 24.

MAY

(1) Monday = **Ex.** *Monday, May 1st.*
2.
3.
4.
5.
6.
7.
8.
9.
(10) Wednesday = ...
....
11.
12.
13.
(14) Sunday = ...
....
15.
16.
17.
18.
19.
20.
21.
22.
23.
24.
25.
26.
(27) Saturday = ...
....
28.
29.
30.
(31) Wednesday = ...
....

LEÇON 29 Quelle est la date ?

In my language

Lisa : Papa, quelle est la date ?
John : Aujourd'hui, nous sommes le 2 novembre. (*En chuchotant*). N'oublie pas que l'anniversaire de ta mère est le 3 novembre. C'est demain.
Lisa : Je sais Papa. J'ai une jolie surprise pour elle. Elle sera heureuse !

Let's have fun!

Complète ces phrases d'après les indications du calendrier.

JANUARY **14**	JUNE **10**
Allison	*Oliver*
MARCH **1**	JULY **31**
Mark	*Benjamin*
APRIL **30**	DECEMBER **9**
Corinne	*Jessi*
MAY **25**	
Talia	

Ex. Allison's birthday is on January 14th.

1. Jessi's birthday is on
. . . .

2. Mark's birthday is on
. . . .

3. Corinne's birthday is on
. . . .

4. Oliver's birthday is on
. . . .

5. Talia's birthday is on
. . . .

6. Benjamin's birthday is on
. . . .

7. When is your birthday?
It's on . . . .

On dit : **Tuesday, January the fourth** ; on écrit : **Tuesday, January 4th.** Devant le jour ou le mois il faut mettre **on** : **On Monday, I play tennis** = le lundi, je joue au tennis ; **On December 24th** = le 24 décembre.

LESSON **30** # Mary's birthday

Lisa: Happy birthday Mummy! Here's a present for you.

Mary: Thank you. Oh! It's really beautiful!

Shapy: How old are Steven and Lisa?

Mary: Lisa's seven and Steven's nine. And what about you, Shapy?

Shapy: I'm six sloos. The sloo is the age unit.

Lisa: I am seven sloos, I am seven sloos.

Ready, Steady, Go!

Quel est l'âge des enfants ? Il est marqué sur leur pull-over. Ecris ta réponse.

Ex. Tom's eleven.

1. Joan . . . . **2**. Wendy . . . .

3. Jennifer . . . . **4**. Susan . . . .

How old? s'utilise pour interroger sur l'âge : **How old are you?** = quel âge as-tu ? Avec l'âge, on emploie le verbe **to be** (être) : **I am (I'm) eight** = j'ai huit ans.

LEÇON **30**

L'anniversaire de Mary

In my language

Lisa : Joyeux anniversaire maman! Voici un cadeau pour toi.
Mary : Merci. Oh! c'est vraiment beau.
Shapy : Quel âge ont Lisa et Steven ?
Mary : Lisa a sept ans et Steven a neuf ans. Et toi, Shapy ?
Shapy : J'ai six sloos. Le sloo est l'unité d'âge.
Lisa : J'ai sept sloos, j'ai sept sloos.

Let's have fun!

Complète les bulles (une lettre par tiret).

More fun!

Quel âge ont-ils ? Compte les bougies et écris la réponse.

1. He's ....
....

2. She's ....
....

3. They're ......
....

LESSON 31 Let's go to the cinema

Steven: Mummy, let's go to the cinema this afternoon.
Mary: All right! What's on at the Odeon?
Steven: There's a new film, "Spaceship", with my favourite actor and actress. It starts at two and finishes at four.
Lisa: Come with us, Shapy. We'll have a delicious ice-cream before the film.

Ready, Steady, Go!

Regarde le programme des cinémas et réponds aux questions, comme dans l'exemple.

Ex. What's on at the Odeon?
"Spaceship".

1. What's on at the Rainbow?

. . . .

2. What's on at the Gaumont?

. . . .

What's on? = qu'est-ce qu'on joue ? Ex. **"What's on at the Odeon?** (qu'est-ce qu'on joue à l'Odéon ?) **To start** = commencer. **To finish** = finir. **We'll** est la forme contractée de **We will. Will** est la marque du futur ; il est suivi du verbe à l'infinitif sans **to.**

LEÇON **31** # Allons au cinéma

In my language

Steven : Maman, allons au cinéma cet après-midi.
Mary : D'accord ! Qu'est-ce qu'on joue à l'Odéon ?
Steven : Il y a un nouveau film, "Spaceship", avec mon acteur et mon actrice préférés. Il commence à deux heures et finit à quatre heures.
Lisa : Viens avec nous, Shapy. On prendra une délicieuse glace avant le film.

Let's have fun!

Quels mots se rapportant au cinéma se cachent dans cette grille.

T	C	P	C	Y	A
A	I	W	M	E	C
C	N	M	E	L	T
V	E	A	R	W	O
O	M	R	A	O	R
C	A	F	I	U	H
C	A	M	E	R	A

1. _ _ _ _ _ _

2. _ _ _ _ _ _

3. _ _ _ _ _

LESSON 32 Look at the cartoon!

Lisa: Hurry up Shapy! Sit down and look at the cartoon.
Shapy: Cartoon? What's that?
Lisa: Hush! Look at the pictures and listen to the dialogue.
Shapy: What strange people! Can I meet them in the street?
Lisa (*whispering*): They don't exist. They're Walt Disney characters. Look! That's Mickey Mouse and Minnie, Donald Duck, Pluto and Goofy. Look at Uncle Scrooge counting his fortune.
Shapy: Is all that money his?
Lisa: Let me listen now, please, Shapy.

Ready, Steady, Go!

Mets ces phrases à la forme négative, comme dans l'exemple.

Ex. They read.
They don't read.

1. I play.
. . . .

2. You work.
. . . .

3. They sleep.
. . . .

LEÇON **32** **Regarde le dessin animé !**

In my language

Lisa : Dépêche-toi Shapy ! Assieds-toi et regarde le dessin animé.
Shapy : Dessin animé ? Qu'est-ce que c'est ?
Lisa : Chut ! Regarde les images et écoute les dialogues.
Shapy : Quels étranges personnages ! Puis-je les rencontrer dans la rue ?
Lisa (*en murmurant*) : Ils n'existent pas. Ce sont des personnages de Walt Disney. Regarde ! C'est Mickey Mouse et Minnie, Donald Duck, Pluto et Dingo. Regarde Oncle Picsou comptant sa fortune.
Shapy : Il a tant d'argent ?
Lisa : Laisse-moi écouter maintenant, s'il te plaît, Shapy.

Let's have fun!

Rajoute les voyelles manquantes pour former des mots, comme dans l'exemple.

Ex. A _ T _ R = A C T O R

1. F _ L M

2. _ C T R _S S

3. C _ R T _ _ N

More fun!

Regarde bien ces mots. L'un d'eux est un intrus. Lequel ? Ecris ta réponse.

FILM CARTOON STREET ACTOR ACTRESS

L'intrus est : _ _ _ _ _ _

LESSON **33** # What's on T.V.?

Shapy: Lisa, do you know what's on T.V. this afternoon?

Lisa: Look at the T.V. guide on the table. From two to four, you can watch cartoons on Channel 2.

Shapy: But when is "Travel among the stars" on? It's my favourite programme.

Lisa: It's at eleven, before the news on Channel 5.

Mary: Steven, please! Can you switch off your T.V.? There's too much noise in this house!

Ready, Steady, Go!

Quel appareil est allumé (ON) ? Quel appareil est éteint (OFF) ? Coche la bonne réponse.

1. The radio is:

ON ☐

OFF ☐

2. The T.V. is:

ON ☐

OFF ☐

3. The cooker is:

ON ☐

OFF ☐

4. The light is:

ON ☐

OFF ☐

To watch = regarder (notion de spectateur). Ex. **"You can watch cartoons"** (tu peux regarder des dessins animés). **To switch on** = allumer. **To switch off** = éteindre.

LEÇON 33 Qu'est-ce qu'on donne à la télé ?

In my language

Shapy : Lisa, sais-tu ce qu'il y a à la télévision cet après-midi ?
Lisa : Regarde le journal télé sur la table. De deux heures à quatre heures, tu peux regarder des dessins animés sur la 2e chaîne.
Shapy : Mais quand passe "Voyage au milieu des étoiles" ? C'est mon émission préférée.
Lisa : C'est à onze heures, avant le journal télévisé sur la 5e chaîne.
Mary : Steven, s'il te plaît! Peux-tu éteindre la télé ? Il y a trop de bruit dans cette maison !

Let's have fun!

Entoure les mots qui ont un rapport avec la télévision.

Yellow

Pen

Programme

Cartoons

Films

T.V. guide

The news

Toothbrush

More fun!

Fabrique deux mots anglais que tu connais avec les lettres de TELEVISION (une lettre par tiret).

Ex. SON **1.** _ _ _ _ _ **2.** _ _ _ _

LESSON 34 At the market

AT THE BAKER'S

Mary: Can I have some bread, please?

The baker: Here you are.

AT THE BUTCHER'S

The butcher: What kind of meat do you want?

Mary: Five sausages and two chickens, please.

AT THE GREENGROCER'S

Mary: I like your fruit and vegetables. Can I have two pounds of apples and four pounds of potatoes?

The greengrocer: Here you are, madam.

AT THE GROCER'S

Mary: I need salt, sugar, eggs and a bottle of milk.

Ready, Steady, Go!

Quel est le métier de ces personnages ? Ecris ta réponse, comme dans l'exemple.

Ex. Grocer **1** **2** **3**

1. . . . . **2.** . . . .

3. . . . .

LEÇON 34 Au marché

In my language

CHEZ LE BOULANGER

Mary : Pourrais-je avoir du pain, s'il vous plaît ?
Le boulanger : Voilà.

CHEZ LE BOUCHER

Le boucher : Quel genre de viande voulez-vous ?
Mary : Cinq saucisses et deux poulets, s'il vous plaît.

CHEZ LE MARCHAND DES QUATRE-SAISONS

Mary : J'aime vos fruits et vos légumes. Puis-je avoir deux livres de pommes et quatre livres de pommes de terre ?
Le marchand des quatre-saisons : Voilà, madame.

CHEZ L'ÉPICIER

Mary : J'ai besoin de sel, de sucre, d'œufs et d'une bouteille de lait.

Let's have fun!

Où vas-tu acheter ces produits ? Réponds, comme dans l'exemple.

Ex.  1  2  3 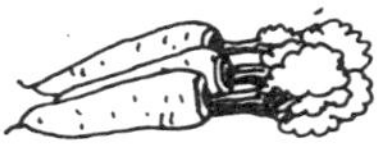

Ex. At the butcher's

1. At the _ _ _ _ _' _

2. At the _ _ _ _ _ _ '_

3. At the _ _ _ _ _ _ _ _ _ _ _' _

Attention à la construction avec **'s** dans les expressions : **at the butcher's** (chez le boucher), **at the baker's** (chez le boulanger), etc ; le mot **shop** (magasin, boutique) est sous-entendu (at the the butcher's **shop**).

LESSON 35 Fruit

Lisa: Look, Shapy! This greengrocer has got very good fruit. In winter you can buy apples, pears, bananas, oranges, lemons and grapefruits. In summer, you can buy melons, peaches, apricots, cherries, plums and grapes.

Shapy: I like apples. Are they cheap or expensive?

Lisa: It depends on their quality. Taste this one! Do you like it?

Cheap = bon marché. **Expensive** = cher (coûteux). **To depend on** = dépendre de. **Cherry** (cerise) = **cherries** (cerises) au pluriel.

LEÇON 35 Des fruits

In my language

Lisa : Regarde, Shapy ! Ce marchand des quatre-saisons a de très bons fruits. En hiver, tu peux acheter des pommes, des poires, des bananes, des oranges, des citrons et des pamplemousses. En été, tu peux acheter des melons, des pêches, des abricots, des cerises, des prunes et des raisins.
Shapy : J'aime les pommes. Sont-elles bon marché ou chères ?
Lisa : Cela dépend de leur qualité. Goûte celle-ci ! Est-ce que tu l'aimes ?

Let's have fun!

Quel est le nom de ces fruits (une lettre par tiret) ? Attention ! il y a deux cerises.

1 **2** **3** **4** **5** **6**

1. — — — — — —　　4. — — — — — — — —

2. — — — — — —　　5. — — — —

3. — — — — — — —　　6. — — — — — —

LESSON 36 Vegetables

Mary: Children! Come and help me to prepare the soup. Lisa, can you peel four carrots, five potatoes, four leeks, half a cabbage and one onion.
Lisa: Oh! I'm sad! The onion is making me cry.
Mary: Steven and Shapy! Can you put the tomatoes, the green peppers, the lettuce, the cucumber and the spinach in the fridge, please?

Ready, Steady, Go!

Qu'y a-t-il dans le réfrigérateur ? Réponds en t'aidant des exemples.

Ex. There's one onion.

1. . . . .

2. . . . .

Ex. There are six carrots.

1. . . . .

2. . . . .

Potato (pomme de terre) = **potatoes** (pommes de terre) au pluriel ; **tomato** (tomate) = **tomatoes** (tomates) au pluriel.

LEÇON 36 Des légumes

In my language

Mary : Les enfants ! Venez m'aider à préparer la soupe. Lisa, peux-tu éplucher quatre carottes, cinq pommes de terre, quatre poireaux, la moitié d'un chou et un oignon.
Lisa : Oh ! Je suis si triste ! L'oignon me fait pleurer !
Mary : Steven et Shapy ! Pouvez-vous mettre les tomates, les poivrons verts, la laitue, le concombre et les épinards dans le réfrigérateur, s'il vous plaît ?

Let's have fun!

Lisa, Shapy et Steven préparent le dîner avec Mary. Aide-les à retrouver les légumes que Mary a rapportés du marché. Fais comme dans l'exemple (une lettre par tiret).

Ex. B A G E B A C
C A B B A G E

1. T O T A P O

_ _ _ _ _ _

2. T M A O T O

_ _ _ _ _ _

3. B R C C M U U E

_ _ _ _ _ _ _ _

4. R C T R O A

_ _ _ _ _ _

5. N I N O O

_ _ _ _ _

6. C H I N P A S

_ _ _ _ _ _ _

In the kitchen

Shapy: Oh it smells good!
Lisa: Of course, Mummy's cooking in the kitchen.
Mary: Look, the chicken is ready and I'll put it in the oven for one hour. Don't touch the cooker Shapy, it's hot.
Lisa, take the large bowl in the cupboard to prepare the lettuce. Put in some oil, vinegar and salt. Use the big spoon to mix them all together. Put it in the fridge and wash the spoon in the sink. And now, I'll show you how to make chocolate chip cookies.

Ready, Steady, Go!

Relie l'objet au mot correspondant. Attention aux intrus !

FRIDGE

BATH

TABLE

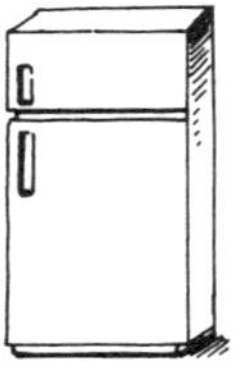

SPOON

OVEN

SINK

How to make = comment préparer. **For one hour** = pendant une heure.

LEÇON 37 Dans la cuisine

In my language

Shapy : Oh ça sent bon !
Lisa : Bien sûr, maman est en train de cuisiner dans la cuisine.
Mary : Regarde, le poulet est prêt et je le mettrai dans dans le four pendant une heure. Ne touche pas la cuisinière Shapy, elle est chaude.
Lisa, prends le grand saladier dans le placard pour préparer la laitue. Mets de l'huile, du vinaigre et du sel. Utilise la grande cuillère pour tout mélanger. Mets-la au réfrigérateur et lave la cuillère dans l'évier. Et maintenant, je vais vous montrer comment préparer des biscuits aux pépites de chocolat.

Let's have fun!

Cinq mots se rapportant à la leçon sont cachés dans cette grille. Lesquels ?

L	I	V	U	S	A	G
E	T	B	L	I	E	Y
T	W	R	S	N	T	U
T	A	B	C	K	D	E
U	S	P	O	O	N	D
C	I	O	E	L	P	T
E	V	I	F	G	M	E
X	A	L	O	V	E	N

1. ....
2. ....
3. ....
4. ....
5. ....

More fun!

Ecoute bien cette comptine.

Look at the cook.
With the spoon.
The cook's cooking on the cooker. } *(bis)*
Yes and it's good.

LESSON **38** # Enjoy it!

Mary: Here is my chocolate chip cookies recipe.

Ingredients: 1/2 cup shortening, 6 tablespoons sugar, 1 egg, 1/2 teaspoon vanilla, 1 1/2 cups of flour, 1/2 teaspoon salt, a little hot water, 1/2 cup chopped nuts, 1 cup of chocolate chips.

1. Mix shortening and sugar.
2. Add the egg and the vanilla. Beat together.
3. Add flour, salt and pour in hot water. Mix well.
4. Put the nuts and the chocolate chips in.
5. Use a teaspoon to make cookies on a greased baking sheet.
6. Bake at number 7 for fifteen minutes.

Now, enjoy it!

Ready, Steady, Go!

Complète cette recette en remplaçant chaque dessin par un verbe (une lettre par tiret), comme dans l'exemple.

Ex. A d d salt.

1. _ _ _ well.

2. _ _ _ butter.

3. _ _ _ _ hot water.

LEÇON 38 Régalez-vous !

In my language

Mary : Voici ma recette des biscuits aux pépites de chocolat. *Ingrédients :* 1/2 tasse de levure, 6 cuillères à soupe de sucre, 1 œuf, 1/2 cuillère à soupe de vanille, 1 tasse 1/2 de farine, 1/2 cuillère à café de sel, un peu d'eau chaude, 1/2 tasse de noisettes en morceaux, 1 tasse de pépites de chocolat.

1. Mélange la matière grasse et le sucre.
2. Ajoute l'œuf et la vanille. Bats le tout.
3. Ajoute la farine, le sel et verse l'eau chaude. Mélange bien.
4. Mets les noisettes et les pépites de chocolat.
5. Utilise une cuillère à café pour former des biscuits sur la plaque huilée.
6. Mets au four à 7 pendant quinze minutes.

Maintenant, régalez-vous !

Let's have fun!

Ecoute cette comptine.

POLLY PUT HER KETTLE ON

Polly put the kettle on,
Polly put the kettle on,
Polly put the kettle on,
We'll all have tea.

Kettle = bouilloire.

LESSON 39 At the restaurant

The waiter: Here's the menu. What would you like?
Lisa: I'd like vegetable soup to start with and then chicken and chips.
Steven: I'd like a mixed salad and then roast beef with potatoes and peas.
John: Can I have chicken with rice?
Shapy: And fish and chips for me, please?
The waiter: Of course you can!
Mary: Look at the delicious deserts: "apple pie, ice-cream, pastries".
The waiter: And what would you like to drink?
Lisa: An orange juice, please.
Steven: Water for me.
John: And the bill is for me.

Ready, Steady, Go!

Qu'aimeraient manger Tom et Allan. Rédige leur commande.

1. I'd like . . . .
. . . .
. . . .
. . . .
. . . .

2. I'd like . . . .
. . . .
. . . .
. . . .
. . . .

LEÇON 39 Au restaurant

In my language

Le serveur : Voici la carte. Que voulez-vous ?

Lisa : J'aimerais une soupe de légumes pour commencer et ensuite du poulet-frites.

Steven : J'aimerais une salade mixte et ensuite du rosbif avec des pommes de terre et des petits pois.

John : Puis-je avoir du poulet avec du riz ?

Shapy : Et du poisson-frites pour moi, s'il vous plaît ?

Le serveur : Bien sûr !

Mary : Regardez les délicieux desserts : « tarte aux pommes, glace, pâtisseries ».

Le serveur : Et que désirez-vous boire ?

Lisa : Un jus d'orange, s'il vous plaît.

Steven : De l'eau pour moi.

John : Et l'addition pour moi.

Let's have fun!

Le serveur a mélangé les commandes. Rends à Lisa et à Steven leur menu. Ecris dans la carte de Lisa et dans celle de Steven ce qu'ils ont réellement demandé au serveur.

LISA

STEVEN

WATER – VEGETABLE SOUP – ROAST BEEF – CHIPS – MIXED SALAD – CHICKEN – POTATOES AND PEAS – ORANGE JUICE

LESSON 40 Money

Shapy: Let's go to a bank. Can I change my "Greezzols" into English pounds?
Steven: I don't think so, Shapy. Look at our English notes and coins. One pound equals 100 pence. If you pay with a note, you get back the change in coins.
Mary: You can also pay with cheques if you have a bank account, but you are too young.

Ready, Steady, Go!

Qui a assez d'argent pour acheter cette statuette. Kevin ou Paul ? Coche la bonne réponse.

La monnaie anglaise s'appelle le **Pound,** que nous traduisons par **Livre**.

LEÇON 40 L'argent

In my language

Shapy : Allons dans une banque. Puis-je changer mes "Greezzols" en Livres.

Steven : Je ne pense pas, Shapy. Regarde notre argent anglais, des billets et des pièces de monnaie. Une Livre vaut 100 Pence. Si tu payes avec un billet on te rend la monnaie en pièces.

Mary : Tu peux aussi payer par chèque si tu as un compte en banque, mais tu es trop jeune.

Let's have fun!

Relie chaque pays à sa monnaie.

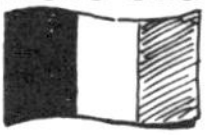	France	Pound
	U.S.A. (United States of America)	Franc
	England	Dollar

---

More fun!

Avec un crayon retrouve dans la grille les mots relatifs à l'argent. Les lettres qui resteront te donneront le nom de la monnaie américaine.

P	B	E	C	P	R
O	A	T	O	E	A
U	N	O	I	N	C
N	K	N	N	C	C
D	L	K	S	E	O
D	P	N	N	E	U
O	A	A	O	Y	N
L	Y	B	M	A	T

BANK - COINS

BANKNOTE - POUND

PENCE - ACCOUNT

MONEY - PAY

Monnaie américaine =

_ _ _ _ _ _

LESSON 41 Let's go shopping!

Lisa: Here we are Shapy! Harrods is the largest department store in Europe with a lot of departments.
Shapy: Look at these boots! They're cheap.
Lisa: Of course! The sales at Harrods are very famous.
Shapy: Now, let's take the escalator to the toy department! I think I will be their best customer.
Steven: What do you want to buy?
Shapy: A robot, of course!

Ready, Steady, Go!

De quels rayons du magasin viennent ces enfants ? Coche la bonne réponse.

1. ☐ The shoe department
   ☐ The toy department
   ☐ The book department

2. ☐ The shoe department
   ☐ The toy department
   ☐ The book department

To go shopping = faire les courses, faire les magasins. **The largest** = le plus grand. **The best** = le meilleur.

LEÇON 41 Allons faire les courses !

In my language

Lisa : Nous y sommes Shapy! Harrods est le plus grand magasin en Europe avec beaucoup de rayons.

Shapy : Regarde ces bottes! Elles sont bon marché.

Lisa : Bien sûr! Les soldes de Harrods sont très célèbres.

Shapy : Maintenant, prenons l'escalier roulant jusqu'au rayon jouets! Je pense que je vais être leur meilleur client.

Steven : Que veux-tu acheter ?

Shapy: Un robot, bien sûr !

Let's have fun!

Coche la bonne réponse et reporte la lettre correspondante dans la dernière colonne, comme dans l'exemple. Tu trouveras le prénom de quelqu'un que tu connais bien.

	Vrai	Faux	Lettres de la réponse
Ex. Harrods is a department store	X	U	S
1. Harrods is in Paris	O	H	
2. Harrods has got a lot of departments	A	R	
3. Sales at Harrods are famous	P	B	
4. In the toy department, you can buy food.	S	Y	

More fun!

En montant l'escalier, tu choisiras une lettre par marche (il y a six marches), si tu ne te trompes pas, tu obtiendras un mot (un adjectif) que tu connais bien maintenant.

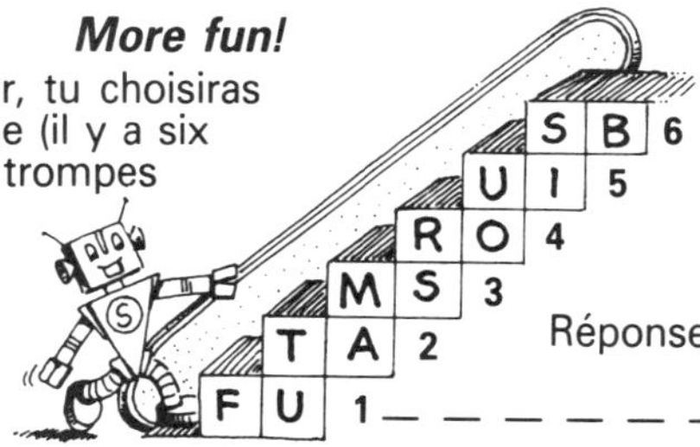

Réponse : _ _ _ _ _ _

LESSON 42 The toy department

The assistant: Can I help you?
Steven: Yes, please. We're looking for a present for my sister's birthday. She's going to be eight.
The assistant: Well, we have a great choice of games like marbles, puzzles, children's computers... but if she likes sport, we've got some very nice roller skates.
Shapy: How much is the doll, please?
The assistant: That one is expensive because it talks and walks. It's 40 pounds.
Shapy: Oh! It's too much for us. But Lisa loves music, she listens to the radio even in the bathroom!
The assistant: In that case, let me show you this cassette-recorder.
Steven: And how much is it?
The assistant: You're lucky! It's only 20 pounds.
Shapy and Steven: All right! We'll take it. Could you wrap it up, please?

Ready, Steady, Go!

Combien coûtent ces objets ? Pose la question et réponds, comme dans l'exemple.

Ex. How much is this book ? – It's 5 pounds.

1. . . . .

– . . . .

2. . . . .

– . . . .

LEÇON 42 Le rayon jouets

In my language

Le vendeur : Puis-je vous aider ?

Steven : Oui, s'il vous plaît. Nous recherchons un cadeau pour l'anniversaire de ma sœur. Elle va avoir huit ans.

Le vendeur : Eh bien, nous avons un grand choix de jeux tels que des billes, des puzzles, des ordinateurs pour enfants... Mais si elle aime le sport, nous avons de très jolis patins à roulettes.

Shapy: Combien coûte cette poupée, s'il vous plaît ?

Le vendeur : Celle-ci est très chère car elle parle et elle marche. Elle coûte 40 Livres.

Shapy : Oh ! C'est trop pour nous. Mais Lisa adore la musique. Elle écoute la radio même dans la salle de bains !

Le vendeur: Dans ce cas, je vais vous montrer ce magnétophone.

Steven : Et combien coûte-t-il ?

Le vendeur : Vous avez de la chance ! Il coûte seulement 20 Livres.

Shapy et Steven : Très bien ! Nous le prenons. Pourriez-vous faire un paquet, s'il vous plaît?

Let's have fun!

Ecris le nom des jouets que tu vois autour du gâteau.

1. . . . .

2. . . . .

3. . . . .

A la question : **How much is it?** (combien cela coûte-t-il ?), on répond **It's** + le prix (cela coûte + le prix). A la question au pluriel : **How much are the....?** (combien coûtent les....?), on répond : **They're** + le prix (ils/elles coûtent + le prix).

LESSON 43 Shapy's sad

Lisa: What's the matter Shapy? You look sad.
Shapy: Well, you see Lisa, I miss my parents.
Steven: Do you feel lonely?
Shapy: You're all very kind to me but I want to kiss my Mummy. When I think of her, it makes me cry. She's so far away!
John: Come here, Shapy! Let's cuddle up!

Ready, Steady, Go!

Combien de robots sont tristes, combien de robots sont gais ? Note ta réponse dans chaque carré.

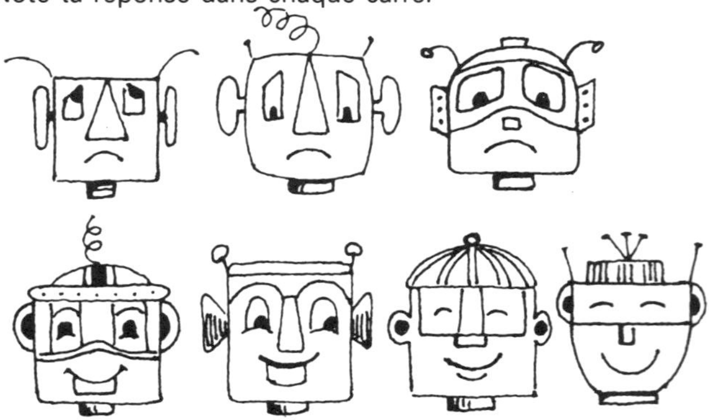

SAD ☐ ☐ HAPPY

Sad, unhappy = triste, malheureux. Attention à la construction : **I miss my parents** = mes parents me manquent.

LEÇON 43 Shapy est triste

In my language

Lisa : Qu'est-ce qu'il se passe Shapy ? Tu as l'air triste.
Shapy : Tu vois Lisa, mes parents me manquent.
Steven : Tu te sens seul ?
Shapy: Vous êtes tous très gentils avec moi, mais je veux embrasser ma maman. Quand je pense à elle, cela me fait pleurer. Elle est si loin !
John : Viens, Shapy ! On va faire un câlin !

Let's have fun!

Parmi ces trois adjectifs : HAPPY - ANGRY - SAD, choisis celui qui convient pour décrire l'expression de chaque personnage.

1. He's .... **2.** She's .... **3.** He's ....

More fun!

Trouve dans cette guirlande quatre adjectifs définissant des émotions. Les lettres que tu n'utiliseras pas te donneront le prénom de la maman de Shapy.
(Les lettres sont placées dans le bon ordre. Il y a une lettre par tirets.)

1. — — —
2. — — — — —
3. — — — — — — —
4. — — — — — — — —

LESSON 44 What time is it?

Lisa: What time is it?
Steven: It's six o'clock.
Lisa: It's too early.

Lisa: What time is it?
Steven: It's twenty past six.

Lisa: What time is it?
Steven: It's half past six.
Lisa: Oh! Now it's too late.
Steven: For what?
Lisa: For my favourite T.V. show.

Ready, Steady, Go!

Quelle heure est-il ? Complète ces phrases.

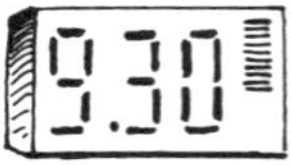

1. It's .... o'clock.

2. It's ten .... three.

3. It's .... past ....

Twenty past three = trois heures vingt. Tu remarques qu'en anglais on dit les minutes avant les heures. **Half** = demi, moitié. On utilise **past** quand les minutes sont du côté foncé.

LEÇON 44 Quelle heure est-il ?

In my language

Lisa : Quelle heure est-il ?
Steven : Il est six heures.
Lisa : C'est trop tôt.

Lisa: Quelle heure est-il ?
Steven : Il est six heures vingt.

Lisa: Quelle heure est-il ?
Steven: Il est six heures et demie.
Lisa: Oh! Maintenant c'est trop tard.
Steven : Pourquoi ?
Lisa : Pour mon émission de télé préférée.

Let's have fun!

Relie l'action à l'heure comme dans l'exemple, et complète la réponse.

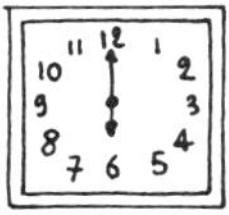

Ex. I watch T.V. at six o'clock.

1. I go to school at ....

2. I have lunch at ....

3. I go to bed at ....

LESSON 45 It's twenty to three

Mary: Hurry up! It's twenty to three. Get ready!

Steven: But Mummy, the birthday party is at three o'clock, Jane's mother is driving us there.

Mary: Five to three, put on your jackets and wait outside. Don't forget the present.

Ready, Steady, Go!

Quelle heure est-il ? Donne la bonne réponse.

Ex. It's twenty five to one.

1. It's a quarter ....

....

2. It's five ....

....

To = moins. On utilise **to** quand les minutes sont du côté foncé.

TO 

LEÇON 45 Il est trois heures moins vingt

In my language

Mary : Dépêchez-vous ! Il est trois heures moins vingt. Préparez-vous.

Steven : Mais maman, l'anniversaire est à trois heures. La mère de Jane nous y accompagne en voiture.

Mary: Trois heures moins cinq. Mettez vos vestes et attendez dehors. N'oubliez pas le cadeau.

Let's have fun!

Relie chaque montre à l'heure qu'elle indique, comme dans l'exemple.

a. Half past one.

c. Six o'clock.

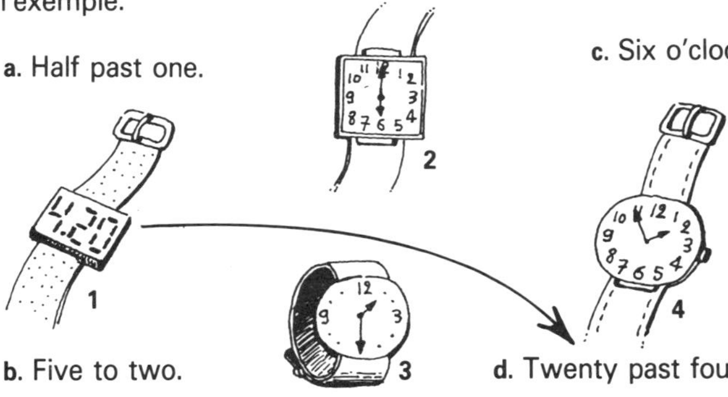

b. Five to two.

d. Twenty past four.

More fun!

Ecoute cette comptine.

HICKORY, DICKORY, DOCK

Hickory, Dickory, Dock,
The mouse ran up the clock,
The clock struck one,
The mouse ran down,
Hickory, Dickory, Dock.

LESSON **46**

Let's visit London!

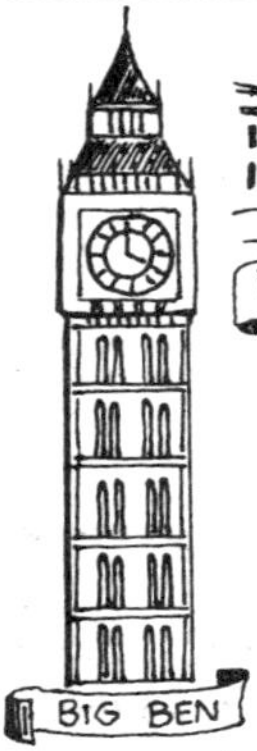

Mary: Go to bed now. Tomorrow we'll visit London and its monuments. First we'll go to Buckingham Palace for the Changing of the Guard. Then we'll see Big Ben and the Houses of Parliament. We can have a look at the Crown Jewels in the Tower of London.

Lisa: And I'll make a lot of sandwiches. We can have a picnic in Hyde Park.

Ready, Steady, Go!

Que feront-ils demain ? Ecris ta réponse sous chaque dessin, comme dans l'exemple.

Ex. Tomorrow
he will
watch T.V.

1. Tomorrow
she . . . .
. . . .

2. Tomorrow
they . . . .
. . . .

We'll est la forme contractée de **We will. Will** est la marque du futur ; il est suivi du verbe à l'infinitif sans **to.**

LEÇON 46 Visitons Londres !

In my language

Mary : Allez au lit maintenant. Demain nous visiterons Londres et ses monuments. D'abord nous irons à Buckingham Palace pour La Relève de la Garde. Puis nous verrons Big Ben et le Parlement. Nous pouvons aller voir les joyaux de la Couronne dans la Tour de Londres.

Lisa : Je préparerai beaucoup de sandwiches. Nous pique-niquerons dans Hyde Park.

Let's have fun!

Cache la page de gauche avec une feuille de papier et écris le nom des monuments de Londres que Mary et les enfants ont décidé de visiter demain (une lettre par tiret).

1. B — — — — — — — — —   — — — — — —

2. B — —   — — —

3. P — — — — — — — — —

4. T — — — —   — —   — — — — — —

More fun!

Ecoute cette comptine.

LONDON'S BURNING

London's burning,
London's burning.
Come quickly!
Come quickly!
Fire, fire,
Fire, fire,
Pour on water,
Pour on water.

LESSON 47 Let's clean the house!

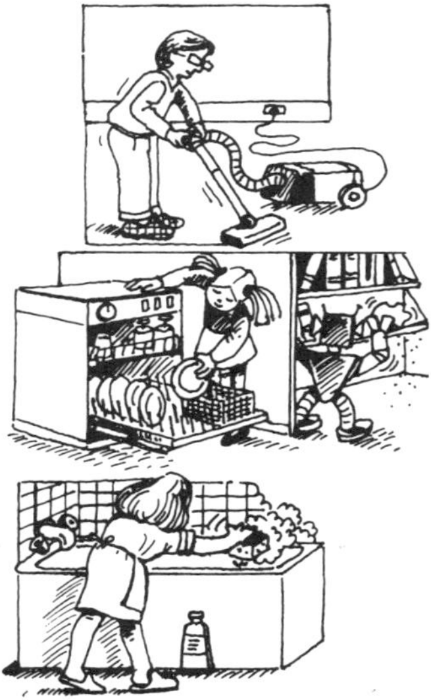

Mary: What a mess! John, can you help me to tidy up the house!
John: Of course darling! First the vacuum cleaner in the living-room.
Mary: Lisa! Can you do the washing-up? Use the dishwasher if you need it. Shapy, take this cloth and dust the shelves in the dining-room. Lazy Steven! Come here and sweep the kitchen with the broom, please. And wash the floor!
Steven: What about you Mummy? What are you doing?
Mary: I'm washing the bath to have a good bubble bath! I'll be as clean as the house.

Ready, Steady, Go!

Quel est le nom de ces objets? Ecris ta réponse.

1. — — — — — —

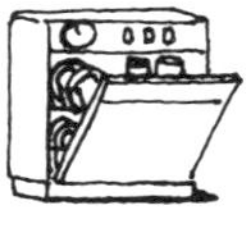

2. — — — — — — — — — — —

3. — — — — — —

4. — — — — — —   — — — — — — —

LEÇON **47** # Nettoyons la maison !

In my language

Mary : Quel désordre ! John, peux-tu m'aider à tout ranger dans la maison ?

John : Bien sûr chérie ! D'abord je vais passer l'aspirateur dans le salon.

Mary: : Lisa ! Peux-tu faire la vaisselle ? Utilise le lave-vaisselle si tu en as besoin. Shapy, prends ce chiffon et enlève la poussière sur les étagères dans la salle à manger. Steven le paresseux ! Viens ici et balaye la cuisine avec le balai, s'il te plaît. Et lave le sol !

Steven : Et toi maman ? Que fais-tu ?

Mary : Je lave la baignoire pour prendre un bon bain moussant ! Je serai aussi propre que la maison !

Let's have fun!

Observe bien ce dessin et complète le petit texte ci-dessous.

Ted is using the ....

.... **(1)** under the armchair. Bob is

.... **(2)** the table. Molly is doing

the .... **(3)**.

Kevin is using a .... **(4)** to sweep the floor.

Sally is switching on the ....

.... **(5)**.

LESSON 48 Let's compare!

Shapy: Look Steven! John is taller than Mary.
Mary: Lisa is younger than Steven.
Shapy: Lisa is thinner than Steven.
Mary: Steven is older than Lisa.
Lisa: Shapy is more geometrical than the others. And "Twinky" is stranger than the Earth!

Ready, Steady, Go!

Regarde bien ces deux poupées. En quoi sont-elles différentes ? Fais la comparaison en utilisant le comparatif des adjectifs :

LONG - BIG - CHEAP - SHORT -
SMALL - EXPENSIVE

A

B

A	B
Ex. The legs are shorter.	**Ex.** The legs are longer.
1. The nose is	**1.** The nose is . . . .
2. The doll is	**2.** The doll is . . . .

Le comparatif "plus que" se construit : 1. Pour les adjectifs courts : **adjectif + er + than**. Ex. **He is fatter than** = il est plus gros que... 2. Pour les adjectifs longs (plus de deux syllabes) : **more + adjectif + than.** Ex. **It's more dangerous than** = c'est plus dangereux que....

LEÇON 48 Comparons !

In my language

Shapy : Regarde Steven! John est plus grand que Mary.
Mary: Lisa est plus jeune que Steven.
Shapy : Lisa est plus mince que Steven.
Mary : Steven est plus vieux que Lisa.
Lisa : Shapy est plus géométrique que les autres. Et "Twinky" est plus bizarre que la Terre !

Let's have fun!

Regarde ces dessins et complète les phrases en utilisant un comparatif.

Ex. The dog is smaller than the elephant.

1. The armchair is .... the chair.

2. The Eiffel Tower is .... Big Ben.

3. The man is .... the woman.

LESSON 49 Who is the tallest?

Lisa: Shapy, let's have a look at the "Guiness Book of Records". It's incredible! The tallest man in the world is 2.72 metres. The smallest man is 55 centimetres tall and weighs 5 kilograms. The fattest man weighs 404 kilograms. The oldest woman in the world is 116 years old. The longest hair in the world is 7.92 metres long. The most enormous hamburger weighs 2.2 tons.

Shapy: And I come from the farthest planet! Is my town the biggest ?

Ready, Steady, Go!

Réponds aux questions en utilisant la lettre A ou B, comme dans l'exemple.

Ex. Which car is the biggest?

Car A is the biggest.

1. Which girl is the thinnest?

Girl . . . .

2. Which shoe is the dirtiest?

Shoe . . . .

Le superlatif "le plus" se construit: 1. Pour les adjectifs courts : **The + adjectif + est.** Ex. **The oldest** = le plus vieux. 2. Pour les adjectifs longs (plus de deux syllabes) : **The most + adjectif**: Ex. **The most enormous hamburger** = le plus énorme hamburger. Attention : on double la consonne finale dans Fat = **the fattest**; Big = **the biggest**; Thin = **the thinnest.**

LEÇON 49 Qui est le plus grand ?

In my language

Lisa : Jetons un coup d'œil sur le "Livre Guiness des Records". C'est incroyable ! L'homme le plus grand du monde mesure 2,72 mètres. L'homme le plus petit mesure 55 centimètres et pèse 5 kilos. L'homme le plus gros pèse 404 kilos. La femme la plus vieille du monde a 116 ans. Les cheveux les plus longs du monde mesurent 7,92 mètres. Le hamburger le plus énorme pèse 2,2 tonnes.

Shapy : Et moi je viens de la planète la plus éloignée ! Ma ville est-elle la plus grande ?

Let's have fun!

Relie les phrases aux images correspondantes comme dans l'exemple.

Ex. The fattest boy.

1. The dirtiest boy.

2. The biggest glass.

3. The most enormous salad.

4. The smallest sandwich.

More fun!

Trouve les deux superlatifs qui te permettent de compléter les phrases ci-dessous. Puis barre-les dans la grille. Les lettres que tu n'auras pas utilisées te donneront la forme des bras de Shapy.

Ex. Paris is the biggest town in France.

1. The grandfather is the .... in the family.

2. The Eiffel Tower is the .... monument.

Shapy's arms are ....

S	I	E	I	G	G
E	H	O	H	T	E
G	R	T	B	S	L
T	E	C	D	T	S
A	N	G	L	E	S

LESSON 50 I like sport

Mary: Come here children! There's a good football match on T.V. Do you like football Shapy?
Shapy: Football is a strange game. I prefer tennis. I have a racket.
Lisa: I don't like football. I like ice-skating. I go ice-skating twice a week with my friend Jane.
Mary: Hush! He's scoring a goal! Blackpool is winning now! Southampton is losing.

Ready, Steady, Go!

D'après les petits cœurs, peux-tu écrire sous chaque dessin ce qu'aiment ou ce que n'aiment pas ces enfants ?

Ex.

1

2

3

Ex. He likes football.

1. She . . . .
. . . .

2. He . . . .
. . . .

3. She . . . .
. . . .

To win = gagner. **To lose** = perdre. **Twice a week** = deux fois par semaine.

LEÇON **50** # J'aime le sport !

In my language

Mary : Venez ici les enfants! Il y a un bon match de football à la télévision. Est-ce que tu aimes le football Shapy ?

Shapy : Le football est un sport étrange. Je préfère le tennis. J'ai une raquette.

Lisa : Je n'aime pas le football. J'aime le patin à glace. Je vais patiner deux fois par semaine avec mon amie Jane.

Mary : Chut! Il marque un but. Blackpool a gagné. Southampton a perdu.

Let's have fun!

Ecris les mots correspondant aux dessins. Les grandes lettres donnent le nom du sport national anglais. Quel est-il ?

1. — **C** — — — — — — — — —

2. **R** — — — — — —

3. — — **I** — — — — — —

4. — **C** — — **K** — — — — — —

5. — **E** — — — — —

6. — — — **T** — — — —

Sport national anglais : — — — — — — — —

More fun!

1. Quel sport aimes-tu ? 2. Quel sport n'aimes-tu pas ? Réponds aux deux questions.

1. I like . . . . **2.** I don't like . . . .

. . . .

LESSON 51 Let's decorate the Christmas tree!

Lisa: Oh! Mummy, what a beautiful Christmas tree! Are we going to decorate it?
Mary: Yes, Lisa. Bring me the tinsel and the silver star. We'll put the fairy lights on too.
Lisa: And our slippers?
Mary: Of course. And the Christmas stocking.
Lisa: Will Father Christmas put toys in them?

Mary: Yes, if you are a good girl.
Lisa: I'm so excited! I don't think I'll sleep tonight.

Ready, Steady, Go!

Cette grille est une véritable hotte de père Noël. Découvre les cadeaux qui sont cachés dedans et écris leur nom.

P	U	Z	Z	L	E
M	A	R	L	E	B
A	D	O	L	L	A
R	P	E	N	D	G
B	B	O	O	K	A
L	I	U	C	P	B
E	Y	C	A	R	G
S	R	O	B	O	T

1. ....
2. ....
3. ....
4. ....
5. ....
6. ....
7. ....
8. ....

LEÇON 51 Décorons l'arbre de Noël!

In my language

Lisa : Oh! Maman, quel bel arbre de Noël ! On va le décorer ?
Mary : Oui, Lisa. Apporte-moi les guirlandes et l'étoile d'argent. Nous mettrons aussi des guirlandes multicolores.
Lisa : Et nos pantoufles ?
Mary : Bien sûr. Et la chaussette de Noël.
Lisa : Le père Noël y déposera des jouets ?
Mary : Oui, si tu es sage.
Lisa : Je suis tellement excitée ! Je crois que je ne dormirai pas cette nuit.

More fun!

Ecoute cette chanson.

JINGLE BELLS

Jingle bells, jingle bells,
Jingle all the way!
Oh! What fun it is to ride,
In a one horse open sleigh.

Jingle bells, jingle bells,
Jingle all the way!
Oh! What fun it is to ride,
In a one horse open sleigh.

LESSON 52 Today is Christmas Day!

Mary: Get up children! Father Christmas has been. Come quickly, there are toys, chocolates and all kinds of sweets.
Shapy: Is there a robot for me?
Mary: It's a surprise, come quickly.
Lisa: Oh, what a beautiful doll! What a nice dress!
Steven: Look at my skateboard. And the racing-car, is it for me?
Lisa: Daddy, Mummy, look at your presents! Shapy did the drawing.

Ready, Steady, Go!

Qu'y a-t-il dans la chaussette de Noël ?

One ....

....

One ....

One ....

....

Two ....

Four ....

LEÇON 52 Aujourd'hui, c'est Noël !

In my language

Mary : Debout les enfants ! Le père Noël est arrivé. Venez vite, il y a des jouets, des chocolats et toutes sortes de confiseries.
Shapy : Est-ce qu'il y a un robot pour moi ?
Mary : C'est une surprise, viens vite.

Lisa: Oh! quelle belle poupée. Quelle jolie robe !
Steven : Regardez mon skateboard. Et la voiture de course, elle est pour moi ?
Lisa : Papa, maman, regardez vos cadeaux. Le dessin, c'est Shapy qui l'a fait.

More fun!

WE WISH YOU A MERRY CHRISTMAS

We wish you a Merry Christmas,
We wish you a Merry Christmas,
We wish you a Merry Christmas
And a Happy New Year.

Good tidings we bring for you and your kin,
We wish you a Merry Christmas
And a Happy New Year.

LESSON 53 Travelling by train

Mary: Shapy, Lisa, Steven! Is your luggage ready? Hurry up or the train will go without us. Daddy's car has broken down so we'll have to take the tube.

AT THE STATION

Mary: Wait for me on the platform. I'm going to the ticket office to buy the tickets. We'll travel in a sleeping-car. Lisa and Shapy will sleep on the top and Steven on the bottom. There isn't a buffet or a dining-car. I'm going to buy sandwiches and drinks and we'll have dinner in the carriage.
Lisa: Will you buy some oranges and biscuits and chocolate too, please, Mummy ?

Mary: Now, get on the train. We're going to have a nice trip! Here's the ticket collector.
Ticket collector: Good evening!
Mary: Good evening! What time do we arrive?

Ready, Steady, Go!

Construis ces phrases, comme dans l'exemple.

Ex. He | 's going to | read a book.

1. She — — — — — — — —
— — eat a cake.

2. They — — — — — — — — —
— — play tennis.

3. He — — — — — — — —
— — watch television.

LEÇON 53 Voyage en train

In my language

Mary : Shapy, Lisa, Steven ! Vos bagages sont prêts ? Dépêchez-vous ou le train va partir sans nous. La voiture de Papa est en panne, aussi allons-nous prendre le métro.

A LA GARE

Mary : Attendez-moi sur le quai, je vais au guichet acheter les billets. Nous voyagerons en wagon-couchettes. Lisa et Shapy dormiront en haut et Steven en bas. Il n'y a pas de buffet, ni de wagon-restaurant. Je vais acheter des sandwichs et des boissons, et nous dînerons dans la voiture.
Lisa : Peux-tu acheter aussi des oranges et des biscuits et du chocolat s'il te plaît maman ?

Mary : Allez, montez dans le train. Nous allons faire un beau voyage. Voici le contrôleur.
Le contrôleur : Bonsoir !
Mary : Bonsoir ! A quel heure arrive-t-on ?

Let's have fun!

Relie ces mots au dessin, comme dans l'exemple.

TICKET OFFICE | TRAIN | PLATFORM

SLEEPING CAR | TICKET COLLECTOR | CARRIAGE

I'm going to buy sandwiches (je vais acheter des sandwiches) est une autre forme pour exprimer le futur. Elle sert souvent à formuler l'intention ou la résolution. Elle se construit ainsi : **to be going to** + la base verbale. L'auxiliaire **to be** se conjugue au présent ; **going to** et la base verbale restent invariables. **How long?** (combien de temps ?) interroge sur la durée.

LESSON 54 Let's ski!

Steven: Put your ski boots on Shapy and come with us. Touch the snow!
Shapy: Oh! It's so cold!
Lisa: Let's ski now! Follow me and don't be afraid.
Steven: Yes, follow her; she's a good skier. Shapy! Turn your ski, hold your ski sticks.
Lisa: Steven, help him!
Shapy: I can't stop! Help!

Ready, Steady, Go!

Tous ces mots commencent par un **S**. Trouve-les.

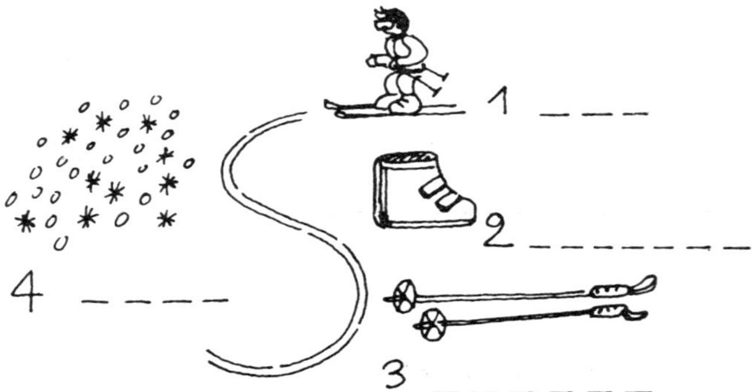

Come with me = viens avec moi. **Come with him** = viens avec lui. **Come with us** = viens avec nous. **Come with them** = viens avec eux. **Me, him, us, them** sont des pronoms personnels compléments.

LEÇON 54 Skions !

In my language

Steven : Mets tes chaussures de ski Shapy et viens avec nous. Touche la neige !
Shapy : Oh ! C'est tellement froid !
Lisa : Skions maintenant ! Suis-moi et n'aie pas peur.
Steven : Oui, suis-la ; c'est une bonne skieuse. Shapy ! Tourne ton ski, tiens tes bâtons.
Lisa : Steven, aide-le !
Shapy : Je ne peux pas m'arrêter ! Au secours !

Let's have fun!

Shapy doit emprunter ces portes de slalom pour former un mot. Lequel ?

_ _ _ _

LESSON 55 I'm sick

Lisa: Mummy! I'm really tired today.

Mary: Have you got a temperature?

Lisa: I don't think so but I've got a sore throat and a very bad headache.

Mary: You must have flu. Take an aspirin and you'll soon be better. And you'd better not go to school tomorrow.

Lisa: Yuppi !

Mary: Hmm! You don't look very ill.

Ready, Steady, Go!

Ces mots ont perdu leurs consonnes. Peux-tu les leur rendre et les remettre à leur place.

1. A _ _ I _ I _

R N S P

2. _ _ U

L F

3. _ E A _ A _ _ E

C D H H

I've got = forme contractée de **I have got. He's got, she's got** = forme contractée de **he has got, she has got.**

LEÇON 55 Je suis malade

In my language

Lisa : Maman, je suis vraiment fatiguée aujourd'hui.
Mary : As-tu de la fièvre ?
Lisa : Je ne pense pas mais j'ai mal à la gorge et très mal à la tête.
Mary : Tu as certainement la grippe. Prends une aspirine et tu te sentiras mieux. Et tu ferais mieux de ne pas aller à l'école demain.
Lisa : Youpi !
Mary : Hum, tu n'as pas l'air très malade.

Let's have fun!

Ils n'iront pas à l'école aujourd'hui. Pourquoi ?

1. He's got ....

2. She's got ....

3. He's got ....

LESSON 56 How are you today?

Shapy: How are you today, Lisa? Do you feel better?
Lisa: Yes, thank you, Shapy. But you're very pale. Have you got a cold?
Shapy: Oh no! I've eaten too many chocolates and I've got a stomach ache. I feel sick. I think I'm going to....
Lisa: Mummy! Mummy! Shapy is fainting!
Mary: Don't worry Lisa! Shapy only needs a rest. We'll take him to see Doctor Martin tomorrow.

Ready, Steady, Go!

De quoi ont-ils besoin? Réponds comme dans l'exemple.

Ex. He needs a pen.

1. She ....

2. He ....

3. They ....

To need = avoir besoin.

LEÇON 56 Comment vas-tu aujourd'hui ?

In my language

Shapy : Comment vas-tu aujourd'hui, Lisa ? Tu te sens mieux ?
Lisa : Oui merci, Shapy. Mais tu es très pâle.
As-tu attrapé froid ?
Shapy : Oh non ! J'ai mangé trop de chocolats et j'ai mal à l'estomac. Je me sens mal. Je pense que je vais...
Lisa : Maman ! Maman ! Shapy s'évanouit !
Mary : Ne t'inquiète pas Lisa ! Shapy a seulement besoin de repos. Nous irons voir le docteur Martin demain.

Let's have fun!

Légende ces dessins en utilisant ces expressions :

To have a cold,
To have a stomach ache,
To faint,
To need a rest.

Ex. He's got a cold.

1. She's . . . .

2. He's . . . .

3. She . . . .

LESSON 57 At the doctor's

Doctor Martin: Hello Shapy! Come here, I'm going to listen to your heart.
Shapy: What's that, Doctor?
Doctor Martin: It's a stethoscope. It's so I can hear your heart. Take a deep breath. Hold your breath. Good. Now, cough! And again. Does your stomach hurt?
Shapy: Oh yes, Doctor!
Doctor Martin: Okay, you can get dressed now Shapy. Mrs Smith, Shapy is fine, but he's got a sweet tooth. He has only got indigestion. Here's a prescription. And don't eat too many chocolates Shapy! Good bye.

Ready, Steady, Go!

Le docteur interroge son petit malade. Il lui pose des questions. Lesquelles ? Aide-toi des dessins pour les retrouver.

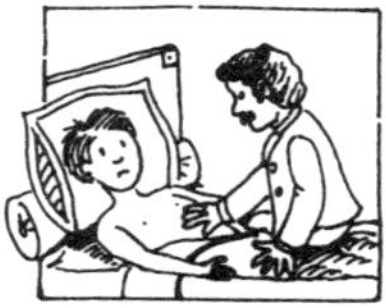

1. Does your ....
......................?

2. Does your ....
......................?

3. Does your ....
......................?

Does it hurt? = cela fait-il mal ?

LEÇON 57 Chez le docteur

In my language

Docteur Martin : Bonjour Shapy. Viens, je vais écouter ton cœur.
Shapy : Qu'est-ce que c'est que ça, docteur ?
Docteur Martin : C'est un stéthoscope. Avec ça, je peux entendre ton cœur. Inspire longuement. Retiens ta respiration. Bien. Maintenant tousse ! Encore ! Ton estomac te fait-il mal ?
Shapy : Oh oui, docteur !
Docteur Martin : O.K. ! Tu peux te rhabiller Shapy. Madame Smith, Shapy est en bonne santé mais il est friand de sucreries. Il a simplement une indigestion. Voici une ordonnance. Et ne mange pas trop de chocolats Shapy ! Au revoir.

Let's have fun!

Regarde bien ces dessins et construis des phrases avec « to be fond of » (être friand de..., aimer), comme dans l'exemple.

Ex. He 's fond of ice-cream.

1. She .....
....
....

2. He ......
....
....

3. They ....
....
....

More fun!

Reconstitue trois mots que tu as appris dans cette leçon.

1. CRIP | PRES | TION : ....

2. TION | GES | INDI : ....

3. SCOPE | THO | STE : ....

LESSON 58 Who's speaking?

Shapy: What are you doing Lisa?
Lisa: I'm telephoning.
Shapy: Telephoning?
Lisa: Yes, I want to speak to Jane so I use the telephone. Look! I dial her number. Listen to the dialling tone (beep, beep).

- Hello, 4.7.0.6.2.1.7.5.
- Hello, can I speak to Jane, please?
- Yes, who's speaking?
- This is Lisa.
- Just a minute.

Shapy: The telephone! What a strange object!

Ready, Steady, Go!

Remets ces phrases dans l'ordre logique et numérote-les de 1 à 5.

☐ Who's speaking?

☐ Hello, can I speak to Peter please.

☐ Just a minute.

☐ This is John.

☐ Hello, 4.9.2.2.6.4.0.3.

LEÇON 58 De la part de qui ?

In my language

Shapy : Que fais-tu Lisa ?
Lisa : Je téléphone.
Shapy : Téléphone ?
Lisa : Oui, je veux parler à Jane, j'utilise donc le téléphone. Regarde! Je compose son numéro. Ecoute la tonalité (bip, bip). – Allo, 4.7.0.6.2.1.7.5. – Allo, est-ce que je peux parler à Jane, s'il vous plaît ? – Oui, de la part de qui ? – Lisa. – Ne quitte pas.
Shapy : Le téléphone ! Quel étrange objet !

Let's have fun!

Regarde bien ce téléphone et trouve le message.

226 4 77325 80 74279 ?

_ _ _ _ _ _ _ _ _ _ _ _ _ _ _ _

More fun!

Observe bien ces petits dessins. Leur légende se trouve dans les lettres du mot TELEPHONE.

n° 1 1. _ _ _

n° 10 2. _ _ _

3. _ _ _

4. _ _ _ _

LESSON **59** # With your friends

Jane: Shapy, Lisa, I'm so pleased to see you. Come and sit down.
Lisa: Is your mother at home?
Jane: Yes, she is. She's upstairs in her bedroom.
Shapy: I like your house. It's big.
Jane: What would you like to drink?
Lisa: I'd like a cup of tea.
Shapy: I'd like a glass of orange juice and some biscuits or cakes.
Lisa: Oh Shapy!
Jane: It's OK. Everything is ready in the kitchen.

Ready, Steady, Go!

Qu'aimeraient-ils pour leur goûter ? Réponds, comme dans l'exemple.

Ex. I'd like a cup of coffee.

1. ....
....

2. ....
....

3. ....
....

LEÇON 59 Avec tes amis

In my language

Jane : Shapy, Lisa, je suis si heureuse de vous voir. Venez vous asseoir.
Lisa : Ta mère est-elle à la maison ?
Jane : Oui. Elle est en haut dans sa chambre.
Shapy : J'aime ta maison, elle est grande !
Jane : Qu'aimeriez-vous boire ?
Lisa : J'aimerais une tasse de thé.
Shapy : J'aimerais un verre de jus d'orange et des biscuits ou des gâteaux.
Lisa : Oh Shapy !
Jane : C'est OK. Tout est prêt dans la cuisine.

Let's have fun!

Construis une phrase sous chaque dessin, comme dans l'exemple.

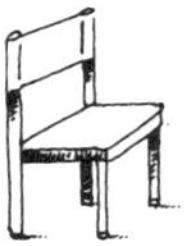

Ex.	**1.** Come and	**2.** . . . .
Come and	. . . .	. . . .
sit down.	. . . .	. . . .

More fun!

Ecoute cette comptine.

HOT CROSS BUNS

Hot cross buns,
Hot cross buns,
One a penny,
Two a penny,
Hot cross buns,
(bis)

LESSON 60 Choose your job

Lisa: I'd like to be a robot and be able to do all kinds of jobs.
Steven: Me too. I'd like to be a postman one day and a pilot the next, or a famous architect, or the Prime Minister.
I'd like to be a policeman too.
What about you Jane?
Jane: I'd like to be a dentist like our friend Claude or an actress like Marilyn Monroe.

Ready, Steady, Go!

Complète ces phrases avec le nom du métier qui est représenté sur chaque petit dessin.

Ex. I'd like to be
a teacher.

1. I'd like to be
a ....

2. I'd like to be
a ....

3. I'd like to be
a ....

I'd like to be = j'aimerais être. **What about you?** = et toi ?

LEÇON **60**

Choisis ton métier

In my language

Lisa : J'aimerais être un robot et être capable de faire toutes sortes de métiers.

Steven : Moi aussi. J'aimerais être facteur un jour et pilote un autre jour, ou un architecte célèbre ou le Premier ministre. J'aimerais aussi être policier. Et toi Jane ?

Jane : J'aimerais être dentiste comme notre ami Claude ou actrice comme Marilyn Monroe.

Let's have fun!

Relie l'objet à son propriétaire, et inscris le nom du métier de chacun d'eux.

1. P _ _ _ _ _ _ _ _

2. D _ _ _ _ _ _ _

3. P _ _ _ _

4. P _ _ _ _ _ _ _

More fun!

_ _ _ _ _ _ _

Barre les lettres qui se trouvent en double sur le camion. Avec les lettres restantes, si tu ne t'es pas trompé, tu obtiendras le nom d'un métier.

LESSON **61** # What's your father's job?

Lisa: What's your father's job, Shapy?
Steven: Wait! Let's guess. Is he a doctor or a hairdresser?
Shapy: No, he isn't.
Lisa: Is he a waiter?
Shapy: No! Robots on our planet don't have jobs. If we need money, we go to the waterfall that pours out coins.

Ready, Steady, Go!

Quel est le métier (la profession) de ces personnages ? Pose-leur la question, comme dans l'exemple.

Ex. Are you a teacher?

1. Are you a . . . . ?

2. Are you a . . . . ?

3. Are you a . . . . ?

Let's guess = devinons.

LEÇON 61 Quel est le métier de ton père?

In my language

Lisa : Quel est le métier de ton père, Shapy ?
Steven : Attends ! Devinons. Est-il docteur ou coiffeur ?
Shapy : Non.
Lisa : Est-il serveur ?
Shapy : Non ! Les robots sur notre planète n'ont pas de métier. Si nous avons besoin d'argent, nous allons à la cascade qui déverse des pièces de monnaie.

Let's have fun!

Retrouve la question qui a aboutit à cette réponse.

Question : _ _ _ _'s _ _ _ _ _ _ _ _?
Réponse : I'm a hairdresser.

Question : _ _ _ _'s _ _ _ _ _ _ _?
Réponse : He's a dentist.

More fun!

A qui appartiennent ces objets ? Ecris le nom de leur propriétaire.

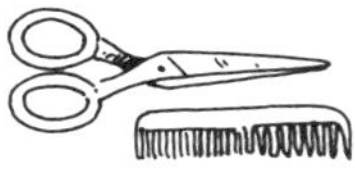

1. .... **2.** ....

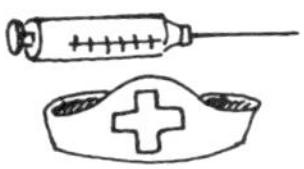

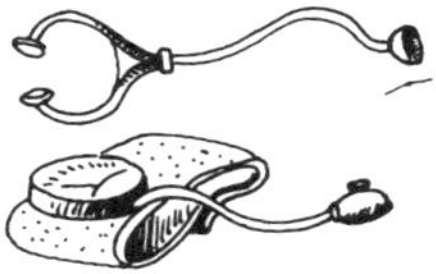

3. .... **4.** ....

LESSON 62 Let's go for a walk

Steven: Tomorrow, we'll go to the zoo.
Lisa: Let's go on foot. It's a nice walk.
Steven: No, it takes too long.
Lisa: Let's go by bus then.
Steven: It's too crowded.
Lisa: Let's take the car. Dad can drive us.
Steven: Dad is on a plane on his way to Africa.

Ready, Steady, Go!

Reconstitue ces trois phrases en remettant les lettres à leur place. Quand tu auras trouvé ce que ces petits textes veulent dire, tu pourras dessiner et colorier les objets comme les phrases te l'indiquent.

1. A elub car.

2. A der sub.

3. A neerg naepl.

Attention à l'expression : **To go on foot** (aller à pied).

LEÇON 62 Allons nous promener

In my language

Steven : Demain, nous irons au zoo.
Lisa : Allons-y à pied. C'est une jolie promenade.
Steven : Non, ça prend trop de temps.
Lisa : Allons-y en autobus alors.
Steven : Il y a trop de monde.
Lisa : Prenons la voiture. Papa peut nous conduire.
Steven : Papa est dans un avion, il vole vers l'Afrique.

Let's have fun!

Trouve les mots correspondant aux dessins. Les lettres qui tomberont dans les carrés, mises côte à côte, te donneront, si tu ne t'es pas trompé, le nom d'un autre moyen de transport.

1. [_] _ _

2. _ [_] _ _

3. _ _ [_] _ _

4. [_] _ _ _ _

Solution : _ _ _ _

LESSON 63 At the zoo

Steven: Where do you want to go first?
Lisa: Let's go and see the monkeys. They're funny.
Steven: Snakes aren't funny. They're scary!
Shapy: What are these animals?
Lisa: They're tigers.
Shapy: They look hungry.
Lisa: They're waiting for Steven to start their dinner!

Ready, Steady, Go!

Parmi ces trois adjectifs, choisis celui qui correspond à chaque image et complète les phrases, comme dans l'exemple.

HUNGRY THIRSTY SAD

Ex. They look happy.

1. They ....

2. It ....

3. He ....

To look + adjectif = avoir l'air. Ex. **They look hungry** = ils ont l'air affamé.

LEÇON 63 Au zoo

In my language

Steven : Où voulez-vous d'abord aller ?
Lisa : Allons voir les singes. Ils sont drôles.
Steven : Les serpents ne sont pas drôles. Ils me font peur !
Shapy : Qui sont ces animaux ?
Lisa : Ce sont des tigres.
Shapy : Ils ont l'air affamés.
Lisa : Ils attendent Steven pour commencer leur dîner !

Let's have fun!

Coche parmi ces animaux ceux que Shapy, Lisa et Steven viennent de voir en arrivant au zoo.

☐ Elephant
☐ Tiger
☐ Zebra
☐ Ostrich
☐ Monkey
☐ Lion
☐ Snake
☐ Sea lion
☐ Lioness
☐ Camel

More fun!

Ecoute cette comptine. C'est comme notre Am-stram-gram.

Eenie-meenie, Minie-mo,
Catch a tiger by its toe.
Eenie-meenie, Mini-mo,
Catch a tiger let it go.
} *(bis)*

LESSON 64 Animals are free on "Twinky"

Shapy: On our planet the giraffes are short. The bears are yellow and blue and the wolves are red.
Steven: Do you have elephants too?
Shapy: No, we don't have elephants or penguins.
Lisa: I wish we could visit a zoo on "Twinky".
Shapy: We haven't got any zoos on our planet. Animals are free like the birds.

Ready, Steady, Go!

Construis deux phrases en utilisant l'un ou l'autre de ces verbes.

TO SEE   TO HAVE

Ex. I wish I could visit the zoo.

1. I wish I could _ _ _ _ _ _ _ _

2. I wish I could _ _ _ _ _ _ _ _ _ _ _ _ _ _ _

LEÇON **64** **Les animaux sont libres sur "Twinky"**

In my language

Shapy : Sur notre planète, les girafes sont petites. Les ours sont jaunes et bleus et les loups sont rouges.
Steven : Avez-vous aussi des éléphants ?
Shapy : Non, nous n'avons ni éléphants ni pingouins.
Lisa : J'aimerais visiter un zoo sur "Twinky".
Shapy : Nous n'avons pas de zoos sur notre planète. Les animaux sont libres comme les oiseaux.

Let's have fun!

Trouve les animaux cachés et écris leur nom.

1. It's a .... **2.** It's an ....

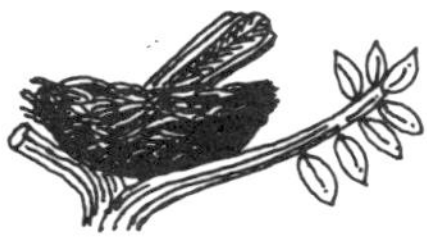

3. It's a .... **4.** It's a ....

Wolf = loup (singulier), **wolves** = loups (pluriel)

LESSON 65 A beautiful garden

Shapy: There's someone in the garden.
Lisa: Yes, it's Mr. Brown, our gardener. He plants seeds in March which become beautiful flowers in July.
In our garden, there are roses, pinks, tulips and daffodils. Sometimes, there are poppies too. Look at the gardener. He's using a lawnmover to cut the grass. In autumn I sweep up the dead leaves with Steven.

Ready, Steady, Go!

Que font ces personnages ?

1. He's ....

....

....

2. They're ....

....

....

3. He's ....

....

....

LEÇON **65** # Un beau jardin

In my language

Shapy : Il y a quelqu'un dans le jardin.

Lisa : Oui, c'est monsieur Brown notre jardinier. Il plante des graines en mars qui deviennent de belles fleurs en juillet. Dans notre jardin, il y a des roses, des œillets, des tulipes et des jonquilles. Quelque fois il y a aussi des coquelicots. Regarde le jardinier. Il utilise une tondeuse pour couper le gazon. En automne, je balaie les feuilles mortes avec Steven.

Let's have fun!

Reconnais-tu ces fleurs ? Comment s'appellent-elles ? Complète leur nom.

1. P __ __ KS

2. P __ __ P __ __ S

3. D __ __ __ O D __ __ S

4. T __ __ __ __ S

More fun!

De quelles fleurs est composé ce bouquet ?
Ecris leur nom (au singulier).

1. .... **2.** ....

3. ....

4. .... **5.** ....

LESSON 66 Let's do some gardening

Steven: Let's help Mr. Brown!
Shapy: What can I do?
Steven: Fill this watering-can and water the flowers. Mr. Brown, can I cut the hedge?
Mr. Brown: No, Steven. It's too difficult, tiring and dangerous. But you can collect the dead leaves with the rake.
Steven: Where shall I put them?
Mr. Brown: In the wheelbarrow. Thank you for your help boys!

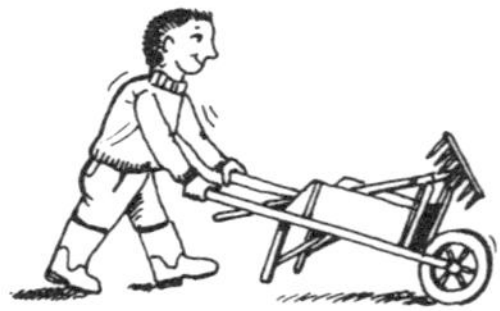

Ready, Steady, Go!

Relie chaque phrase au dessin qui lui correspond.

He's watering the flowers.

He's cutting the hedge.

She's picking flowers.

He's collecting dead leaves.

LEÇON 66 Jardinons

In my language

Steven : Aidons Monsieur Brown !

Shapy : Que puis-je faire ?

Steven : Remplis cet arrosoir et arrose les fleurs. Monsieur Brown, puis-je tailler la haie ?

Monsieur Brown : Non, Steven. C'est difficile, fatigant et dangereux. Mais tu peux ramasser les feuilles mortes avec le râteau.

Steven : Où dois-je les mettre ?

Monsieur Brown : Dans la brouette. Merci pour votre aide, les garçons !

Let's have fun!

Que vois-tu dans cette cabane à outils ? Donne ta réponse par écrit.

1. ....
2. ....
3. ....
4. ....

More fun!

Six mots concernant le jardin sont cachés dans cette grille. Lesquels ?

1. ....
2. ....
3. ....
4. ....
5. ....
6. ....

P	R	A	K	E	T	W
L	E	A	V	E	S	A
P	I	N	K	S	A	T
S	E	E	D	O	R	E
X	H	S	R	E	D	R
F	L	O	W	E	R	S

LESSON 67 An afternoon at the farm

Shapy: Hello, Uncle Stuart. Nice to meet you.
Uncle Stuart: Nice to meet you too. Come with me everybody. I'll show you round the farm. We've got three cows...
Shapy: What are they for?
Lisa: To give us milk.
Uncle Stuart: ... and three hens.
Shapy: What are they for?
Steven: To lay eggs.
Uncle Stuart: Here is Toby, our dog. He looks after the sheep and our pig.
Shapy: And what is this animal?
Uncle Stuart: That's our cat. He sleeps all day long and doesn't catch any mice.

Ready, Steady, Go!

Quelle embrouille ! Oncle Stuart a mélangé les étiquettes. Peux-tu l'aider à remettre un peu d'ordre en reliant les étiquettes à leur propriétaire.

Nice to meet you (heureux de vous connaître) est une formule de politesse que l'on adresse à une personne que l'on rencontre. **What are they for?** = à quoi servent-elles ? **Mice** = pluriel de **mouse** (souris).

LEÇON 67 Un après-midi à la ferme

In my language

Shapy : Bonjour Oncle Stuart. Je suis heureux de vous connaître.
Oncle Stuart : Moi aussi. Je suis content de te connaître. Venez tous avec moi. Je vais vous montrer la ferme. Nous avons trois vaches...
Shapy : A quoi servent-elles ?
Lisa : A donner du lait.
Oncle Stuart : ... et trois poules.
Shapy : Pour quoi faire?
Steven : Pour pondre des œufs.
Oncle Stuart : Voici Toby, notre chien. Il garde les moutons et notre cochon.
Shapy : Qu'est-ce que c'est que cet animal ?
Oncle Stuart : C'est notre chat. Il dort toute la journée et n'attrape pas les souris.

Let's have fun!

Sept noms d'animaux sont cachés dans cette grille. Peux-tu les retrouver ?

D	O	G	H	I	H
M	C	A	T	S	E
O	S	L	R	H	N
U	P	I	A	E	C
S	L	O	V	E	O
E	N	N	T	P	W

1. ....
2. ....
3. ....
4. ....
5. ....
6. ....
7. ....

LESSON 68 A nice ride

Steven: Can we go for a ride on a horse?
Uncle Stuart: Of course, but don't go too far.
Lisa: Come on! Try again, Shapy.
Steven: Look! The rabbits and the chickens are following us!
Lisa: Look at the ducks with their ducklings. Don't they look gorgeous!
Steven: Listen to the birds! They're singing for us.
Shapy: What a lovely afternoon! I'll never forget my visit to Uncle Stuart's farm.

Ready, Steady, Go!

Quel est le nom de ces animaux ? Coche la bonne réponse.

☐ Cat	☐ Lion	☐ Bird
☐ Rabbit	☐ Monkey	☐ Mouse
☐ Cow	☐ Snake	☐ Duck
☐ Dog	☐ Horse	☐ Tiger

LEÇON 68 Une agréable promenade

In my language

Steven : Peut-on se promener à cheval ?
Oncle Stuart : Bien sûr, mais n'allez pas trop loin.
Lisa : Allez ! Essaie encore, Shapy.
Steven : Regardez, les lapins et les poulets nous suivent !
Lisa : Regardez, les canards avec leurs canetons. Comme ils sont jolis!
Steven : Ecoutez les oiseaux ! Ils chantent pour nous.
Shapy : Quel agréable après-midi ! Je n'oublierai jamais ma visite à la ferme d'oncle Stuart.

Let's have fun!

Relie ces animaux à la première lettre de leur nom. Puis écris leur nom.

C D

1. . . . .
2. . . . .
3. . . . .
4. . . . .
5. . . . .

What a lovely afternoon! = quel agréable après-midi ! **To listen to the birds** = écouter les oiseaux.

LESSON 69 The music lesson

Mary: Steven, Lisa! Mr. Oliver is here.
Shapy: Who is he?
Lisa: Our music teacher.
Mr. Oliver: Sit down on the piano stool Lisa, and play this piece by Mozart. Don't play so loudly!
Steven: You see Shapy, Lisa plays the piano and I play the violin.
Mr. Oliver: Lisa, you must practice every day or you won't be ready for the school-concert in June.
Shapy: Hum! A school concert!

Ready, Steady, Go!

Lisa et Steven ont fini leurs devoirs. Que doivent-ils faire maintenant ? Complète les phrases, comme dans l'exemple.

Ex. She must play the piano.

1. He . . . .
. . . .

2. They . . . .
. . . .

Must exprime l'obligation.
Ex. **You must practice** = vous devez pratiquer.

LEÇON **69** La leçon de musique

In my language

Mary : Steven, Lisa ! Monsieur Oliver est ici.
Shapy : Qui est-ce ?
Lisa : Notre professeur de musique.
Monsieur Oliver : Assieds-toi sur le tabouret Lisa, et joue ce morceau de Mozart. Ne joue pas si fort !
Steven : Tu vois Shapy, Lisa joue du piano et je joue du violon.
Monsieur Oliver : Lisa, tu dois pratiquer tous les jours ou tu ne seras pas prête pour le concert de l'école en juin.
Shapy : Hum ! Un concert à l'école !

Let's have fun!

Si tu mets ces lettres dans le bon ordre, tu trouveras un mot de la leçon.

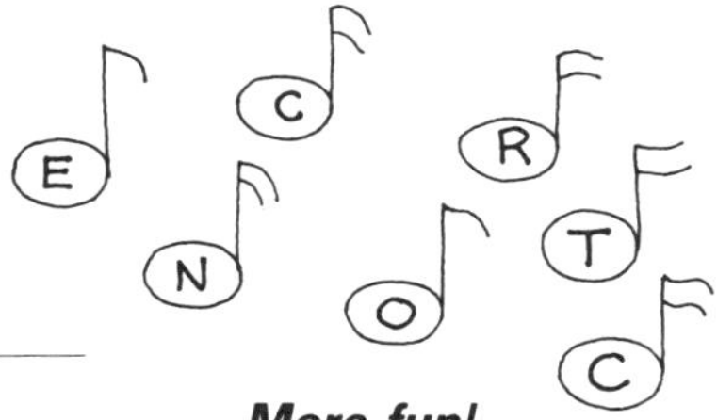

More fun!

Cinq mots, que tu as appris aujourd'hui dans la leçon, sont cachés dans cette clé de sol. Les lettres qui resteront te donneront le nom d'un compositeur très célèbre.

1. ....

2. ....

3. ....

4. ....

5. ....

Nom du compositeur : ....

LESSON 70 I like the violin

Mr. Oliver: It's your turn, Steven.
Steven *(whispering):* Oh no! I'm not ready.
Mr. Oliver: Hold the bow correctly Steven, and look: the fingers of your left hand are not on the strings. You can't play like that. I think you should try another instrument: the guitar, the flute or the drums.
Steven: But I like the violin, it has a beautiful sound.
Mr. Oliver: All right, try again.
Shapy: Your music teacher is very patient!

Ready, Steady, Go!

Que devraient faire ces personnages ? Complète les phrases comme dans l'exemple. Tu dois utiliser les verbes TO PLAY et TO DRINK.

Ex. You should sleep.

1. You ....
....

2. You ....
....

You should try = tu devrais essayer.

LEÇON 70 J'aime le violon

In my language

Monsieur Oliver : C'est ton tour, Steven.
Steven *(murmurant) :* Oh! Je ne suis pas prêt.
Monsieur Oliver : Tiens l'archer correctement Steven et regarde : les doigts de ta main gauche ne sont pas sur les cordes. Tu ne peux pas jouer comme cela. Je pense que tu devrais essayer un autre instrument : la guitare, la flûte ou la batterie.
Steven : Mais j'aime le violon, il a un si beau son.
Monsieur Oliver : D'accord, essaie encore.
Shapy : Ton professeur de musique est très patient !

Let's have fun!

De quels instruments jouent-ils ? Relie le dessin au mot correspondant.

DRUMS

1 

2 

VIOLIN

3 

PIANO

4 

FLUTE

LESSON 71 Do you know New York?

Shapy: What are you looking at?
Lisa: I'm looking at a picture book about New York. It's a big city in the United States.
Shapy: Let me have a look.
Lisa: This is the Empire State Building which is very high. It's a skyscraper. And this is the Statue of Liberty which is so big that you can even go up its arm.
Shapy: And what are these?
Lisa: Those are the Twin Towers or the World Trade Center. It's the highest building in New York.

Ready, Steady, Go!

Peux-tu transformer ces phrases, comme dans l'exemple.

Ex. I've got a bike. It's blue:
I've got a bike which is blue.

1. He's playing with a ball. It's big.

. . . .

2. He's reading a book. It's about New York.

. . . .

3. I'm watching a film. It's interesting.

. . . .

Which, pronom relatif sujet, est utilisé lorsque l'antécédent est une chose ou un animal. Ex. **This is the Empire State Building "which" is very high** = Voici l'Empire State Building "qui" est très haut.

LEÇON 71 Connais-tu New York ?

In my language

Shapy : Qu'est-ce que tu regardes ?
Lisa : Je regarde un livre d'images sur New York. C'est une grande ville des Etats-Unis.
Shapy : Laisse-moi regarder.
Lisa : Ça, c'est l'Empire State Building qui est très haut. C'est un gratte-ciel. Et ça, c'est la Statue de la Liberté qui est si grande que tu peux monter dans son bras.
Shapy : Et ça, qu'est-ce que c'est ?
Lisa : Ce sont les Tours Jumelles ou le Centre du Commerce mondial. C'est l'immeuble le plus haut de New York.

Let's have fun!

Regarde les dessins et complète la grille. Le mot fléché, que tu dois trouver si tu ne t'es pas trompé, est souvent prononcé à New York.

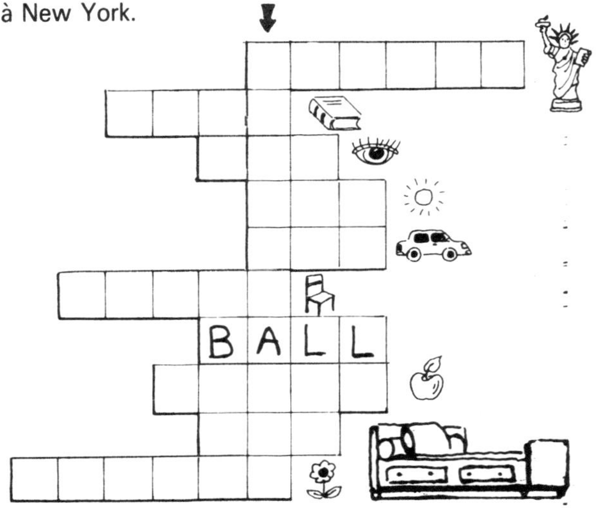

Mot fléché : _ _ _ _ _ _ _ _ _ _

LESSON 72 Tell me about Paris

Shapy: Lisa, do you know Paris?
Lisa: Oh yes! It's a marvellous city!
Shapy: What beautiful things are there to see in Paris.
Lisa: The Eiffel Tower: it's made of iron and it's very, very high. You can take the lift up to the third floor. But from the first floor you can see all Paris: the Arc de Triomphe, the "Etoile" square, the famous Champs Elysées, the Louvre museum, the Trocadéro, Montmartre.
Shapy: What a beautiful city! What an interesting country!

Ready, Steady, Go!

Construis des phrases avec "tell me about" comme dans l'exemple.

Ex. Tell me about the Tower of London.

1. ....

2. ....

3. ....

To tell someone about something = parler de quelque chose à quelqu'un.

LEÇON 72 Parle-moi de Paris

In my language

Shapy : Lisa, connais-tu Paris ?
Lisa : Oh oui ! C'est une ville merveilleuse !
Shapy : Qu'est-ce qu'il y a de beau à voir à Paris ?
Lisa : La Tour Eiffel : elle est en fer et très très haute. Tu peux prendre l'ascenseur jusqu'au troisième étage. Mais du premier étage, tu vois tout Paris : l'Arc de Triomphe, la place de l'Etoile, les célèbres Champs-Elysées, le Musée du Louvre, le Trocadéro, Montmartre.
Shapy : Quelle belle ville ! Quel pays intéressant !

Let's have fun!

Complète ces phrases en utilisant "what", comme dans l'exemple. Attention à l'emploi de l'article "a" ou "an".

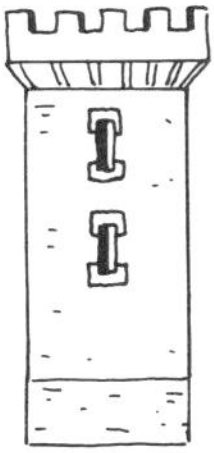

Ex. What a beautiful flower!

1. _ _ _ _ _ _ interesting _ _ _ _ !

2. _ _ _ _ _ big _ _ _ _ _ _ !

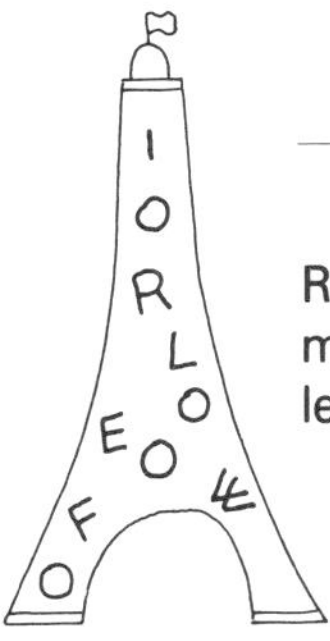

More fun!

Retrouve dans cette Tour Eiffel les lettres qui manquent pour compléter ces mots vus dans la leçon.

1. L _ _ T **2.** T _ _ _ R

3. I _ _ N **4.** F _ _ _ R

LESSON 73 Shapy's lost

Shapy: Oh dear! Where are Steven and Lisa? I'm going to wait for them at the hotel. Excuse me, which way to the Hilton Hotel?

The man: Turn left, then right, then go straight on.

Shapy: Thank you very much.

Lisa and Steven *(noticing Shapy):* Shapy, Shapy! Where were you? You frightened us! What a relief to find you again!

Ready, Steady, Go!

Peux-tu, en suivant les flèches des dessins, compléter les phrases et répondre aux questions, comme dans l'exemple.

Ex. *Question:* Can you tell me the way to the hotel?
Réponse: It's the first street on the right.

1. *Q.* Can _ _ _ tell _ _ the _ _ _ to _ _ _ cinema?.
R. It's the second _ _ _ _ _ _ on the _ _ _ _ _.

2. *Q.* Can _ _ _ _ _ _ _ _ _ _ _ _ _ _ _ _ _ _ _ baker's?
R. It's _.

Left = gauche. **Right** = droite. **Straight** = droit. Conjugaison du verbe **to be au passé : I was / you were / he, she, it was / we were / you were / they were.**

LEÇON 73 Shapy est perdu

In my language

Shapy : Oh là là ! Où sont Steven et Lisa ? Je vais les attendre à l'hôtel. Excusez-moi, quel est le chemin pour aller à l'hôtel Hilton ?
L'homme : Tourne à gauche, puis à droite, ensuite c'est tout droit.
Shapy : Merci beaucoup.
Lisa et Steven *(apercevant Shapy)* : Shapy, Shapy ! Où étais-tu ? Tu nous a fait peur. Quel soulagement de te retrouver !

Let's have fun!

Lis attentivement les phrases encadrées et indique par une flèche à côté du dessin si Steven doit aller à droite →, à gauche ← ou tout droit ↑.

To go to the doctor's, turn left. ①

To go to the cinema, turn right. ②

To go to the baker's, turn left. ③

To go to the school, go straight on. ④

More fun!

Peux-tu aider Shapy à retrouver son chemin ? Donne-lui les bonnes indications en suivant les flèches sur le plan.

Go _ _ _ _ _ _ _ _ on

then turn _ _ _ _ _.

Go straight _ _.

It's the _ _ _ _ _ _ street

on the _ _ _ _.

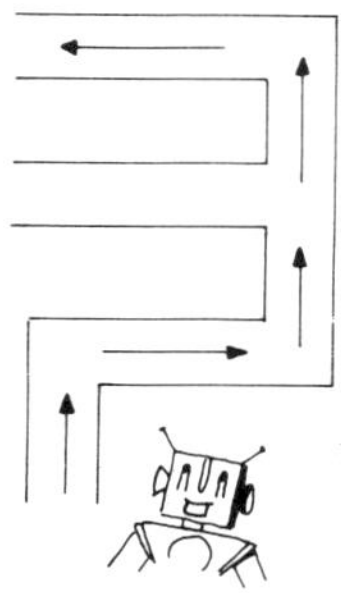

LESSON 74 Let's go for a walk in the forest !

John: Look children, there's a blackbird on the oak!
Lisa: It sings so well! Daddy, is this a chestnut tree?
John: Yes, why don't you collect some chestnuts?

Steven: Can I give some breadcrumbs to these birds?
John: Yes, they'll like that. They're sparrows.

AT HOME

Lisa: Mummy! We were in the forest this afternoon! It was such a beautiful day! I was very happy.

Ready, Steady, Go!

Peux-tu répondre à ces questions, comme dans l'exemple ?

Ex. *Question:* Where were you yesterday?
Réponse: I was at a restaurant.

1. *Q.* Where were you this morning?

R. . . . .

2. *Q.* Where were you this afternoon?

R. . . . .

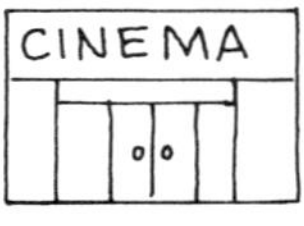

3. *Q.* Where were you yesterday?

R. . . . .

LEÇON 74 Allons nous promener en forêt !

In my language

John : Regardez les enfants, il y a un merle sur le chêne.

Lisa : Il chante si bien. Papa est-ce que c'est un marronnier ça ?

John : Oui ! Pourquoi est-ce que vous ne ramassez pas des marrons ?

Steven : Est-ce que je peux donner des miettes de pain à ces oiseaux ?

John : Oui, ils aiment ça. Ce sont des moineaux.

A LA MAISON

Lisa : Maman ! Nous étions dans la forêt cet après-midi ! C'était une si belle journée ! J'étais très heureuse.

Let's have fun!

En complétant cette grille, tu dois retrouver cinq mots appris dans la forêt.

More fun!

Ecoute cette comptine, elle parle d'un coucou.

CUCKOO, CUCKOO, WHAT DO YOU DO?

Cuckoo, cuckoo, what do you do?
In April I open my bill;
In May I sing all the day;
In June I change my tune;
In July away I fly;
In August away I must.

LESSON 75 Halloween, Witches' Day

Shapy: Lisa, why are you dressed up?
Lisa: Because we're going to Allison's. She's American and today she's celebrating Halloween, Witches' Day.
Shapy: And what's that?
Lisa: It's a broom. Repeat after me: "Trick or treat".
Shapy: Why shall we say that?
Lisa: Because we'll sing to have sweets. And if the adults don't give us some, we'll play a trick on them.

Another day we'll have dinner at Allison's for Thanksgiving. It's a very important celebration for the Americans. On that day they all eat turkey.

Ready, Steady, Go!

Ce soir, les enfants sont invités. Chez qui vont-ils ? Réponds, comme dans l'exemple.

Ex. : She's going to Allison's.

1. He ....
....

2. She ....
....

On se souvient : **I'm going to Allison's** (je vais chez Allison). Le nom est suivi de l'apostrophe + s ('s), le mot "**house**" étant sous-entendu on ne l'écrit pas. **To play a trick** = jouer un tour.

LEÇON 75 Halloween, la Fête des Sorcières

In my language

Shapy : Lisa, pourquoi es-tu déguisée ?

Lisa : Parce que nous allons chez Allison. Elle est Américaine et aujourd'hui, elle célèbre Halloween, la Fête des Sorcières.

Shapy : Et ça, qu'est-ce que c'est ?

Lisa : C'est un balai. Répète après moi : « Donnez-moi quelque chose ou je vous joue un tour ».

Shapy : Pourquoi faut-il dire cela ?

Lisa : Parce que nous allons chanter pour avoir des bonbons. Et si les grandes personnes ne nous en donnent pas, nous leur jouerons un tour. Un autre jour nous irons dîner chez Allison pour Thanksgiving. C'est une fête très importante pour les Américains. Ce jour-là, ils mangent tous de la dinde.

Let's have fun!

Complète cette grille. Si tu ne te trompes pas, la colonne fléchée te donnera le nom d'une fête américaine.

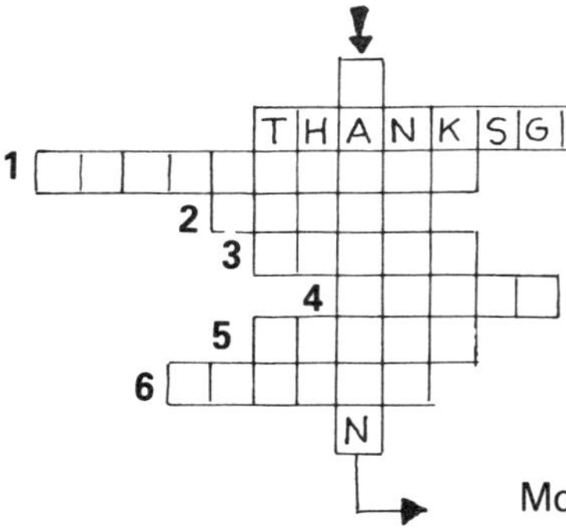

Mot fléché : . . . .

LESSON 76 It's Sunday today!

Lisa: It's Sunday today. What shall we do?
Steven: I'd like to go to the swimming pool. I really enjoy swimming!
Lisa: There's a ballet on T.V. I really enjoy watching dancing.
Steven: How boring! I don't enjoy that at all.
Lisa: You certainly enjoy contradicting me! Well, let's ask Shapy. Shapy, what do you enjoy most?
Shapy: I don't mind. I enjoy being with you. After playing a lot, I enjoy going to bed and dreaming about my planet.

Ready, Steady, Go!

What do you enjoy doing? Complète ces phrases, comme dans l'exemple.

Ex. I enjoy eating.

2. I enjoy . . . .
. . . .

1. I enjoy . . . .
. . . .

3. I enjoy . . . .
. . . .

LEÇON 76 Aujourd'hui, c'est dimanche!

In my language

Lisa : Aujourd'hui, c'est dimanche. Qu'allons-nous faire ?
Steven : J'aimerais aller à la piscine. J'aime tant nager !
Lisa : Il y a un ballet à la télé. J'aime tant regarder la danse !
Steven : Je n'aime pas ça du tout, c'est ennuyeux.

Lisa : Une chose est sûre, tu aimes me contrarier. Bon ! demandons à Shapy. Shapy, qu'est-ce qui te plairait le plus ?
Shapy : Cela m'est égal. J'aime être avec vous. Après avoir beaucoup joué, j'aime aller au lit et rêver à ma planète.

Let's have fun!

Mets ces phrases à la forme négative.

1. I enjoy playing tennis.

I ....

2. I enjoy playing football.

I ....

3. I enjoy swimming.

I ....

4. I enjoy eating.

I ....

More fun!

 Ecoute cette comptine.

O I DO LIKE TO BE BESIDE THE SEASIDE

O I do like to be beside the seaside,
I do like to be beside the sea,
I do like to stroll along the prom, prom, prom,
Where the brass bands play tiddle-y, om pom pom!
So just let me be beside the seaside,
And I'll be beside myself with glee.
There are lots of girls besides,
I should like to be beside,
Beside the seaside, beside the sea!

LESSON 77 Steven's collection

Shapy: What's in this box?
Steven: My collection of postcards. Do you want to see it?
Shapy: Yes, I'd love to. Where does this postcard come from?
Steven: From Italy and this one comes from Spain.
Shapy: What about that one?
Steven: It comes from Morocco. It's my favourite one. I've also got two from Germany and a lot from France and England.
Shapy: When I get back, I'll send you a nice postcard from my planet to add to your collection.

Ready, Steady, Go!

De quel pays viennent-ils ? Réponds en complétant les phrases, comme dans l'exemple.

Ex. Giovanni comes from Italy.

1. Jane . . . .

2. Sali . . . .

3. Carmen . . . .

Lorsque la phrase est affirmative, on ne met pas le future après **"when"**

LEÇON 77 La collection de Steven

In my language

Shapy : Qu'est-ce qu'il y a dans cette boîte ?
Steven : Ma collection de cartes postales. Tu veux la voir ?
Shapy : Oui alors! D'où vient cette carte ?
Steven : D'Italie et celle-ci vient d'Espagne.
Shapy : Et celle-là ?
Steven : Elle vient du Maroc. C'est celle que je préfère. J'en ai aussi deux d'Allemagne et beaucoup de France et d'Angleterre.
Shapy : Quand je serai de retour, je t'enverrai une jolie carte de ma planète pour ajouter à ta collection.

Let's have fun!

Relie chaque dessin à son pays.

ITALY

GERMANY

SPAIN

U.S.A

MOROCCO

LESSON 78 Long live the Queen!

Steven: Look Shapy, the Queen's on T.V.
Shapy: A Queen ?
Steven: Yes, you see, she's wearing a crown. She lives at Buckingham Palace. Her sons are Princes and her daughter is a Princess. Her eldest son will be King one day.
Shapy: Will he wear a crown too?
Steven: Yes, of course! Look Shapy, can you see those soldiers with funny hats on. It's the Changing of the Guard.

Ready, Steady, Go!

Mets les mots dans le bon ordre et tu trouveras une question et sa réponse.

Question :

| soldiers | who | these | funny | with | hats | are | ?

. . . .

Réponse :

| the | Guard | it | of | Changing | 's | the |

. . . .

More fun!

Ecoute : c'est l'hymne national anglais.

GOD SAVE THE QUEEN

God save our Gracious Queen,
Long live our noble Queen,
God save the Queen!

Send her victorious
Happy and Glorious
Long to reign over us;
God save the Queen!

LEÇON 78 Vive la Reine !

In my language

Steven : Regarde Shapy, c'est la Reine à la télévision.
Shapy : Une Reine !
Steven : Oui, tu vois, elle porte une couronne.
Elle vit à Buckingham Palace. Ses fils sont Princes et sa fille est une Princesse. Son fils aîné sera Roi un jour.
Shapy : Il portera aussi une couronne ?
Steven : Oui, bien sûr ! Regarde Shapy, tu vois ces soldats avec des drôles de chapeaux. C'est la Relève de la Garde.

Let's have fun!

Si tu fais bien attention, tu trouveras dans cette grille vingt-trois mots que tu connais bien maintenant. Ils sont tous écrits horizontalement.

Q	U	E	E	N	H	A	P	P	Y
F	E	E	T	S	I	S	T	E	R
S	C	H	O	O	L	R	E	A	D
S	M	A	L	L	S	U	N	N	Y
D	A	T	E	M	O	N	D	A	Y
C	U	T	J	A	N	U	A	R	Y
S	I	T	L	O	O	K	S	E	E
U	N	D	E	R	T	H	E	S	E
M	E	A	T	H	O	U	R	O	N
W	A	T	E	R	E	G	G	A	N

1. .... **2.** ....

3. .... **4.** ....

5. .... **6.** ....

7. .... **8.** ....

9. .... **10.** ....

11. .... **12.** ....

13. .... **14.** .... **15.** ....

16. .... **17.** ....

18. .... **19.** .... **20.** ....

21. .... **22.** .... **23.** ....

LESSON 79 We're going to Southampton

Mary: Tomorrow we're going on holiday. Lisa, Steven, Shapy pack your suitcase. Don't put in too many things. In summer, on the beach we don't need many clothes.
Lisa: All right! I'll put in my two swimsuits and my sports clothes.
Shapy: What about me? I haven't got a swimsuit... and I can't swim.
Steven: Take this one Shapy and we'll teach you to swim. You'll enjoy it.
Lisa: I'll take my tennis racket and my flippers too.
Steven: Here's my beach towel. The suitcase is full now and it's very heavy.
Shapy: By the way, where are we going?
Mary: We're going to the seaside, to Southampton.

Ready, Steady, Go!

Quel est le nom de ces différents objets ? Ecris ta réponse.

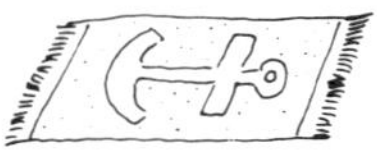

1. .... **2.** ....

3. .... **4.** ....

LEÇON **79** # Nous allons à Southampton

In my language

Mary : Demain, nous partons en vacances. Lisa, Steven, Shapy, faites votre valise. Ne mettez pas trop de choses. En été sur la plage on n'a pas besoin de beaucoup de vêtements.

Lisa : D'accord! Je mettrai mes deux maillots de bain et mes vêtements de sport.

Shapy : Et moi alors ? Je n'ai pas de maillot de bain... et je ne sais pas nager.

Steven : Prends celui-ci Shapy et nous t'apprendrons à nager. Tu aimeras ça.

Lisa : J'apporterai aussi ma raquette de tennis et mes palmes.

Steven : Voici ma serviette de plage. La valise est pleine maintenant et elle est très lourde.

Shapy : Au fait, où allons-nous ?

Mary : Nous allons au bord de la mer, à Southampton.

Let's have fun!

Où vont Lisa, Steven et Shapy ? Prends dans chaque mot la lettre qui t'est indiquée et mets-la dans la grille.

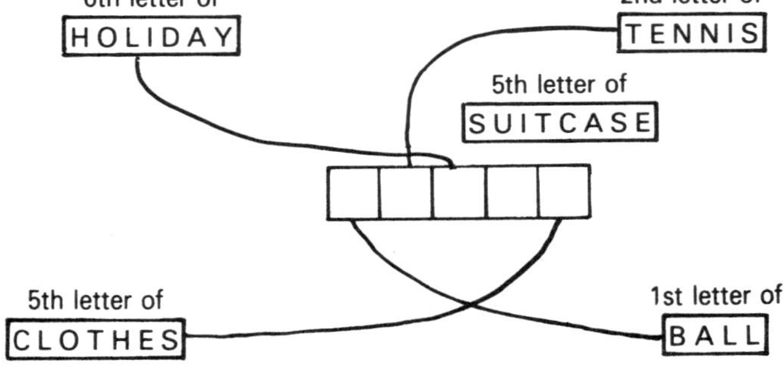

LESSON 80 We're going to take a plane

Mary: Look Shapy, here's the airport. We're going to take a plane to go to the seaside, to Southampton. Are you happy?
Shapy: Oh yes! But what's a plane like?
Steven: A plane has wings: it looks like a big bird. Come on Shapy, we must get on board. The plane will take off in a few minutes. We'll land in Southampton in half an hour.
The air-hostess: Good morning! Please, fasten your seat belts.
Lisa: Are you afraid, Shapy?
Shapy: No! I'm not! But where's the pilot?
Steven: In the cockpit.

Ready, Steady, Go!

Relie chaque question à sa réponse.

Questions	**Réponses**
• What's Paris like?	• It's cold and it's raining.
• What's the weather like?	• It's big and it has two floors.
• What's your house like?	• It's a very beautiful city.

LEÇON 80 Nous allons prendre l'avion

In my language

Mary : Regarde Shapy, voici l'aéroport. Nous allons prendre l'avion pour aller au bord de la mer, à Southampton. Es-tu heureux ?
Shapy : Oh oui ! Mais à quoi ressemble un avion ?
Steven : Un avion a des ailes, il ressemble à un gros oiseau. Viens Shapy nous devons embarquer. L'avion décollera dans quelques minutes et nous atterrirons dans une demi-heure.
L'hôtesse de l'air : Bonjour ! Attachez vos ceintures, s'il vous plaît.
Lisa : As-tu peur, Shapy ?
Shapy : Non! Mais où est le pilote ?
Steven : Dans la cabine de pilotage.

Let's have fun!

Observe bien ces dessins et complète les phrases.

1. Plane A is
.... off.

2. Plane B is
....

3. .... is bigger than ....

More fun!

Ecoute cette chanson.

THE PLANE IS TAKING OFF

The plane is taking off,
And I say good bye!
The plane is flying,
And I say hurrah!
The plane is landing,
And I say hello!

LESSON 81 We're staying at a hotel

John: Good morning! My name's Mr. Smith. I have booked two rooms for ten days.
The receptionist: Good morning, Mr. Smith. That's right. Two double rooms, oh no! sorry. One double room with bath and a room with three beds. Here are your keys: room seven and room twenty. The porter will carry your luggage up and show you to your rooms.
Mary: Thank you very much. The children are hungry. Can we have breakfast in our rooms?
The receptionist: Yes, of course. Dial zero for room service.

Ready, Steady, Go!

Que sont en train de faire ces personnages ? Complète ces deux phrases.

1. The . . . . is giving . . . . to John.

2. The . . . . is carrying . . . .

To carry = porter (à la main). **Single room** = chambre simple (pour une personne) ; **double room** = chambre double (pour deux personnes).

LEÇON **81** # Nous logeons à l'hôtel

In my language

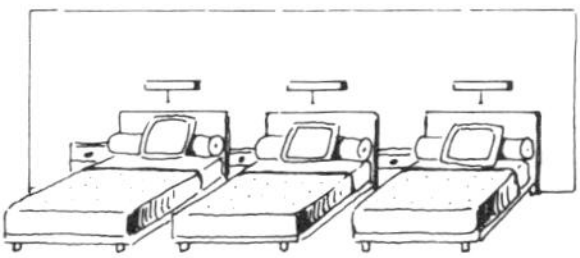

John : Bonjour ! Je m'appelle monsieur Smith. J'ai réservé deux chambres pour dix jours.

Le réceptionniste : Bonjour monsieur Smith. C'est exact ! Deux chambres à un lit. Oh non ! Excusez-moi. Une chambre pour deux personnes avec bain et une autre chambre avec trois lits. Voici vos clés : chambre sept et chambre vingt. Le bagagiste va monter vos bagages et vous conduire à vos chambres.

Mary : Merci beaucoup. Les enfants ont faim. Peut-on prendre le petit déjeuner dans nos chambres ?

Le réceptionniste : Oui, bien sûr. Composez le zéro pour la femme de chambre.

Let's have fun!

En utilisant ce code, reconstitue une phrase.

Code :

A	B	C	D	E	F	G	H	I	J	K	L	M
1	2	3	4	5	6	7	8	9	10	11	12	13

N	O	P	Q	R	S	T	U	V	W	X	Y	Z
14	15	16	17	18	19	20	21	22	23	24	25	26

Phrase : 10 15 8 14   2 15 15 11 5 4

20 23 15   19 9 14 7 12 5   18 15 15 13 19

Est-ce bien cela qui a été demandé ? **Réponse** : YES ☐ NO ☐

LESSON 82 I like the beach!

Mary: Children, get your beach bags ready and don't forget your sun hats. I'm taking a parasol because it's very hot today.
Lisa: Mummy, did you remember to buy some sun-cream? I don't want to get sunburnt.
Steven: This year I'm going to learn to windsurf. Do you think we can find a good teacher on the beach?
Mary: Of course! He gives swimming lessons too. We'll leave him with Shapy.
Shapy: No, I don't want to go swimming. I don't like water. I prefer to build sandcastles. Lisa will lend me her bucket and spade.

Ready, Steady, Go!

Réponds à ces questions par "Yes, I do" ou "No, I don't".

1. Question: Do you like swimming ?

Réponse : . . . .

2. Q. Do you like the beach?

R. . . . .

3. Q. Do you like sweets?

R. . . . .

4. Q. Do you play tennis?

R. . . . .

Yes, I do — No, I don't = réponses brèves affirmative et négative au présent. On reprend le sujet sous forme de pronom personnel et l'auxiliaire **do** au présent.

LEÇON 82 J'aime la plage !

In my language

Mary : Les enfants, préparez vos sacs de plage et n'oubliez pas vos chapeaux de soleil. Je prends un parasol car il fait très chaud aujourd'hui.

Lisa : Maman, as-tu pensé à acheter de la crème solaire ? Je n'aime pas les coups de soleil.

Steven : Cette année, je vais apprendre à faire de la planche à voile. Crois-tu que nous trouverons un bon professeur sur la plage ?

Mary : Bien sûr ! Il donne aussi des leçons de natation. On lui confiera Shapy.

Shapy : Non, je ne veux pas me baigner, je n'aime pas l'eau. J'aime mieux faire des châteaux de sable. Lisa me prêtera son seau et sa pelle.

Let's have fun!

Te souviens-tu du nom de ces objets et de ces animaux ? Ecris ta réponse (attention au pluriel).

1. . . . .

2. . . . .

3. . . . .

4. . . . .

5. . . . .

6. . . . .

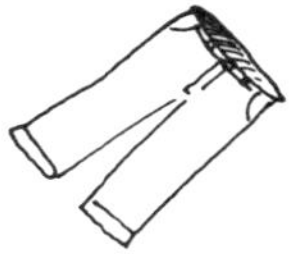

7. . . . .

8. . . . .

9. . . . .

10 . . . .

LESSON 83 A day's fishing

John: Children, this morning we are going fishing. The weather is nice and it's low tide.
Mary: What a good idea! If you catch a lot, the hotel cook will make us some delicious fish-soup.
Steven: I'm taking my fishing-rod. And you can take the shrimp net, Lisa.
John: Did you remember the hooks? They're in a box, on the table in my room. Steven, ask the porter for the key.
Mary: What about renting a small fishing boat?
John: No, it would be too dangerous. Shapy can't swim.
Lisa: We'll fish for shrimps on the rocks. And Steven will be able to fish.
Shapy: Me too, I want to fish too.
Lisa: My parents want to fish too.
John: Let's stop talking! Let's go now before high tide.

Ready, Steady, Go!

Ce bateau s'est échoué. Parmi les mots qui se sont échappés de la soute, écris ceux qui se rapportent à la plage.

BEACH TOWEL SPOON SHRIMP

SPADE SEA SANDCASTLE SCHOOL

Mots se rapportant à la plage : ....

....

LEÇON 83 Une journée de pêche

In my language

John : Ce matin les enfants nous allons pêcher. Il fait beau et c'est marée basse.
Mary : Quelle bonne idée ! Si la pêche est bonne, le cuisinier de l'hôtel nous préparera une soupe de poisson délicieuse.
Steven : Je prends ma canne à pêche. Toi, Lisa, tu prendras l'épuisette.
John : Avez-vous pensé aux hameçons ? Ils sont dans une boîte, sur la table de ma chambre. Steven, demande les clés au portier.
Mary : Et si nous louions une barque ?
John : Non, ce serait trop dangereux, Shapy ne sait pas nager.
Lisa : Nous irons dans les rochers pêcher des crevettes. Et Steven pourra pêcher à la ligne.
Shapy : Moi aussi, je veux pêcher à la ligne.
Lisa : Mes parents aussi veulent pêcher à la ligne.
John : Assez discuté. Partons maintenant avant la marée haute.

More fun!

Ecoute cette comptine.

MY BONNIE LIES OVER THE OCEAN

My bonnie lies over the ocean,
My bonnie lies over the sea,
My bonnie lies over the ocean,
O bring back my bonnie to me.
Bring back, bring back, bring back my bonnie to me, to me.
Bring back, bring back, O bring back my bonnie to me.

LESSON 84 The swimming lesson

Mary: Go swimming children! It's too hot to play in the sun.
Lisa: Let's dive into the water. Come on Steven, we'll jump into the waves.
Shapy: Me too!
Lisa: I thought you didn't like water. Come on, we'll teach you how to swim. Mummy, give Shapy my rubber ring, please.
Steven: Look Shapy. Do what I do with your arms and legs. Don't move like that you look like a little dog and you're splashing me. That's better, go slowly, go on.
Well done! Then I'll teach you the crawl.

Ready, Steady, Go!

Mets ces phrases à la forme négative, comme dans l'exemple.

Ex. Steven can swim.
Shapy can't swim.

1. Lisa can ski.

Shapy . . . .

3. Mary can drive.

Steven . . . .

2. Mary can cook.

John . . . .

4. Lisa can play the piano.

Shapy . . . .

LEÇON **84** # La leçon de natation

In my language

Mary : Les enfants, allez vous baigner. Il fait trop chaud pour jouer au soleil.

Lisa : Courons nous jeter dans l'eau. Viens Steven, on va sauter dans les vagues.

Shapy : Moi aussi !

Lisa : Je croyais que tu n'aimais pas l'eau. Viens, on va t'apprendre à nager. Maman, prête ma bouée à Shapy, s'il te plaît.

Steven : Regarde, Shapy. Fais comme moi avec tes bras et tes jambes. Ne bouge pas comme cela, tu as l'air d'un petit chien, et puis tu m'éclabousses. Voilà, c'est mieux maintenant. Va doucement. Continue. Bravo! Après je t'apprendrai le crawl.

Let's have fun!

La mer, la plage, les vacances... Retrouve dans cette grille tous les mots qui s'y rapportent. Les cinq lettres qui resteront te donneront, remises dans l'ordre, un mot nouveau.

H	O	T	W	A	V	E	S	O	D
S	W	I	M	M	I	N	G	R	I
S	B	S	P	L	A	S	H	I	V
P	O	W	A	T	E	R	C	N	E
A	A	C	R	A	W	L	E	G	F
D	T	F	I	S	H	I	N	G	I
E	S	U	N	C	R	E	A	M	S
W	I	N	D	S	U	R	F	A	H
S	A	N	D	C	A	S	T	L	E
B	U	C	K	E	T	N	S	U	N

The word is : _ _ _ _ _

LESSON 85 The holidays are over

Lisa: The holidays are over. Here we are at home. I was so happy at the beach. Were you happy too Steven?
Steven: Of course I was! I had a great time! I really enjoyed fishing and playing on the beach. Holidays are always too short. I don't want to think about school now! I'm looking forward to seeing the photos Daddy took!
Lisa: Oh! Do you remember when we went on the rocks and we saw that big starfish? You were so scared!
Steven: Don't laugh at me. You didn't want to touch it.
Mary: Children, it's time to go to bed. It's late!

Ready, Steady, Go!

Mets ces verbes au prétérit, comme dans l'exemple.

Ex. My father worked (to work) yesterday.

1. His friends .... (to visit) London yesterday.

2. I .... (to play) tennis last Saturday.

3. The gardener .... (to plant) this tree last year.

LEÇON 85 Les vacances sont finies

In my language

Lisa : Les vacances sont finies, nous voici à la maison. J'ai été si heureuse à la plage. Et toi Steven, tu as été heureux aussi ?

Steven : Bien sûr que oui ! Je me suis bien amusé. J'ai adoré pêcher et jouer sur la plage. Les vacances, c'est toujours trop court. Je ne veux pas penser à l'école maintenant. Je suis impatient de voir les photos que papa a prises.

Lisa : Oh, tu te rappelles quand on a été sur les rochers et qu'on a vu cette grosse étoile de mer ? Tu avais tellement peur !

Steven : Ne ris pas de moi. Tu n'as pas voulu la toucher.

Mary : Les enfants, c'est l'heure d'aller au lit. Il est tard !

Let's have fun!

Relie le verbe à l'infinitif à son prétérit irrégulier.

TO BE TO SEE TO TAKE TO GO TO HAVE

went were was had took saw

Pour former le prétérit (le passé) on ajoute **ed** à l'infinitif sans **to.** **Ex. We played** = nous avons joué. Pour former la question au prétérit, on utilise **did.** Ex. **Did you play yesterday?** = as-tu joué hier ? Pour répondre négativement, on utilise **didn't** (did not). Ex. **I didn't play yesterday** = je n'ai pas joué hier. Il existe des prétérits irréguliers : il faut les apprendre par cœur. Voici ceux rencontrés aujourd'hui : ***to go*** = **went;** ***to see*** = **saw;** ***to have*** = **had;** ***to take*** = **took;** ***to be*** = **was** (singulier), **were** (pluriel).

LESSON 86 It's time to go back

Shapy: Listen children, I think it's time for me to go back home. I have been very happy but I miss my parents.
Lisa: Oh Shapy! How sad I am! Did you enjoy being with us?
Shapy: Oh yes, I did. It was wonderful. I miss my parents, but I found a new family here. You taught me so many things.
Steven: We'll miss you Shapy! Will you come back?
Shapy: Of course! Maybe one day you'll come and visit me on Twinky!

Ready, Steady, Go!

Regarde bien ce tableau des principaux verbes irréguliers. Lis-le plusieurs fois. Le mieux serait que tu l'apprennes par cœur.

INFINITIF	PRÉTÉRIT
To be *(être)*	was *(sing.)* - were *(plur.)*
To come *(venir)*	came
To drink *(boire)*	drank
To eat *(manger)*	ate
To find *(trouver)*	found
To go *(aller)*	went
To have *(avoir)*	had
To see *(voir)*	saw
To take *(prendre)*	took
To teach *(apprendre)*	taught

LEÇON 86 Il est temps de rentrer

In my language

Shapy : Ecoutez mes amis, je pense qu'il est temps pour moi de rentrer. J'ai été très heureux mais mes parents me manquent.
Lisa : Oh Shapy! Comme je suis triste ! As-tu aimé être avec nous ?
Shapy : Oh oui ! Ce fut merveilleux. Mes parents me manquent, mais j'ai trouvé une nouvelle famille. Et vous m'avez appris tant de choses.
Steven : Tu nous manqueras Shapy. Reviendras-tu ?
Shapy : Bien sûr ! Peut-être qu'un jour vous viendrez me voir sur Twinky !

Let's have fun!

Relie la boîte contenant l'anagramme du verbe à l'infinitif à celle contenant son prétérit irrégulier, comme dans l'exemple.

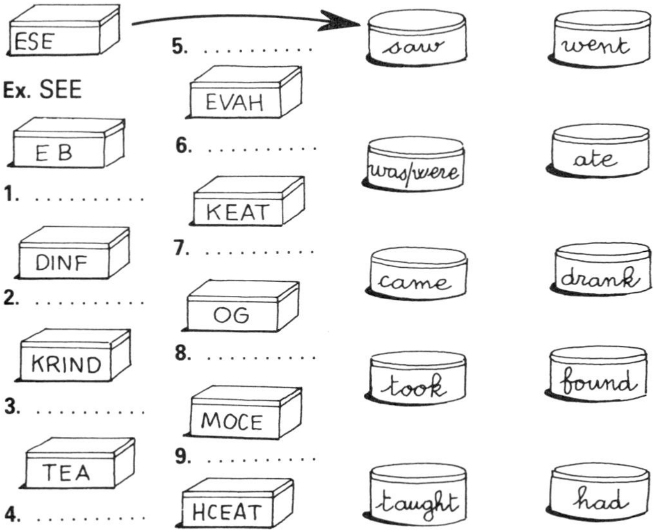

LESSON 87 Shapy is leaving tomorrow

Lisa: So you're leaving tomorrow, Shapy?
Shapy: Yes! So I must pack my bag.
Steven: We're going to help you. You bought so many things here. You mustn't forget them.
Lisa: Take your rollerskates, Shapy.
Shapy: No, you keep them. I can't use them on Twinky.
Steven: Put on your new sweater.
Shapy: No Steven, put it in the bag. I must wear my space suit and I must put these boots on too.
Lisa: Shall I put your robot in your bag?
Shapy: Of course! It will remind me of you.

Ready, Steady, Go!

Regarde bien ces dessins et complète les phrases avec "mustn't".

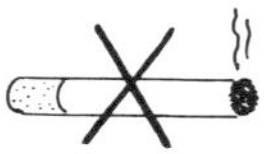

1. You . . . . smoke.

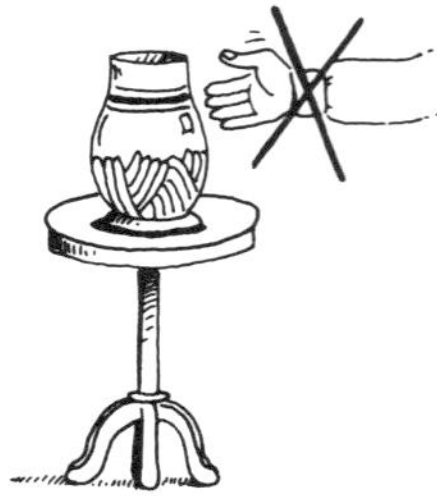

3. You . . . . touch.

2. You . . . . walk on the grass.

LEÇON 87 Shapy s'en va demain

In my language

Lisa : Ainsi tu t'en vas demain, Shapy ?
Shapy : Oui! Et je dois préparer mon sac.
Steven : Nous allons t'aider. Tu as acheté tellement de choses ici. Tu ne dois pas les oublier.
Lisa : Prends les patins à roulettes, Shapy.
Shapy : Non, garde-les. Sur Twinky, je ne peux pas les utiliser.
Steven : Mets ton nouveau sweater.
Shapy : Non Steven, mets-le dans le sac. Je dois porter mon costume d'espace et je dois aussi mettre ces bottes.
Lisa : Est-ce que je mets ton robot dans ton sac ?
Shapy : Bien sûr, il me fera penser à vous.

Let's have fun!

Complète les phrases avec "must".

1. You . . . .
stop eating chocolates.

2. You . . . .
brush your teeth every day.

3. You . . . .
pack your bag.

Must exprime l'obligation (**you must obey** = tu dois obéir). **Mustn't** exprime l'interdiction (**you mustn't forget** = tu ne dois pas oublier).
To buy (infinitif) = **bought** (prétérit).

LESSON 88 Good bye!

John: Are you ready Shapy? I think it's time for you to leave now.

Mary: Look Shapy! Here's a letter for your parents. I tell them how much we love you and I invite them here.

Shapy: You're all so kind! Don't cry Lisa. I know I've got two families and two planets. I'll be back soon.

Lisa: Do you promise?

Steven: How will we hear from you?

Shapy: Don't worry Steven. We have special postmen. They travel through space and they go very quickly.

Ready, Steady, Go!

Complète ces phrases avec le prétérit de "to hear" (verbe irrégulier), comme dans l'exemple.

Ex. I heard from Jim.

1. I . . . .

2. I . . . .

3. I . . . .

To hear (infinitif) = **heard** (prétérit). **I heard from Shapy** = j'ai eu des nouvelles de Shapy.

LEÇON 88 Au revoir !

In my language

John : Es-tu prêt Shapy ? Je pense qu'il est temps maintenant pour toi de partir.
Mary : Regarde Shapy, voici une lettre pour tes parents. Je leur dis combien nous t'aimons et je les invite ici.
Shapy : Vous êtes tous si gentils ! Ne pleure pas Lisa. Maintenant j'ai deux familles et deux planètes. Je reviendrai bientôt.
Lisa : Tu me le promets ?
Steven : Comment aurons-nous de tes nouvelles ?
Shapy : Ne t'inquiète pas Steven, nous avons des facteurs spéciaux. Ils voyagent à travers l'espace et ils vont très vite.

Let's have fun!

Cette soucoupe volante emporte trois verbes de la leçon. Retrouve-les (une lettre par tiret).

1. _ _ _

2. _ _ _ _ _ _ _ _

3. _ _ _ _ _

More fun!

Ecoute cette comptine.

AULD (OLD) SYNE

Should auld acquaintance be forgot,
And never brought to mind?
Should auld acquaintance be forgot,
And days of auld lang Syne (long ago)?

LESSON 89 The blue ray

Shapy: I received "space-mind contact" from my family. The big moment is for midnight.
Lisa: How will you go back to Twinky?
Shapy: I'll stand inside the fireplace and a blue ray will draw me up to my planet.
Steven, Lisa, Mary, John: We'll stay with you until the last moment.
(*At a quarter to twelve, Shapy is already inside the fireplace.*)
Shapy: Here we are. Don't cry my friends, I'll come back soon. Good bye, Good bye.
Steven: Good bye, Shapy. Good bye my friend.
Mary, John: Be careful, Shapy. We love you.
(*A blue ray comes into the fireplace and draws Shapy up. Everyone is silent.*)

Ready, Steady, Go!

Construis des phrases avec « already », comme dans l'exemple.

Ex. She's already sleeping.

1. He ....
....

2. They ....
....

3. She ....
....

LEÇON 89 Le rayon bleu

In my language

Lisa : J'ai reçu l'« esprit-contact » de ma famille. Le grand moment est pour minuit.
Lisa : Comment retourneras-tu sur Twinky ?
Shapy : Je me tiendrai à l'intérieur de la cheminée et un rayon bleu m'aspirera jusqu'à ma planète.
Steven, Lisa, Mary, John : Nous resterons avec toi jusqu'au dernier moment.
(*A minuit moins le quart, Shapy est déjà à l'intérieur de la cheminée.*)

Shapy : Et voilà. Ne pleurez pas mes amis, je reviendrai bientôt. Au revoir, au revoir.
Steven : Au revoir, Shapy. Au revoir mon ami.
Mary, John : Sois prudent, Shapy. Nous t'aimons.
(*Un rayon bleu entre dans la cheminée et aspire Shapy. Tout le monde est silencieux.*)

Let's have fun!

Quel est le dernier message de Shapy en quittant la Terre pour Twinky ?

'll

from

soon

hear

me

you

TERRE

TWINKY

Shapy is "already" inside the fireplace = Shapy est « déjà » à l'intérieur de la cheminée. **You'll hear from me soon** = vous aurez de mes nouvelles bientôt.

LESSON 90 A letter from Shapy

Lisa: Mummy, Steven, come quickly. There's a letter from Shapy.

Mary: Read it please.

Lisa: *My dear earthmen friends,*

My space travel was nice and quick.
My family was really happy to see me again.
They all thank you for the beautiful presents.
It's strange to be here again. Things are so different.
I miss you all. I'll send you mind contacts very often.
I'll never forget you, or all your friends.
Thank you for everything. I love you.
Shapy

Ready, Steady, Go!

Construis des phrases avec le verbe "to miss", comme dans l'exemple.

Ex. I miss Jane.

1. I .... my ....

2. I .... my ....

3. I ....

I miss you = vous me manquez (attention à l'ordre des mots).

LEÇON 90 Une lettre de Shapy

In my language

Lisa : Maman, Steven, venez vite. Il y a une lettre de Shapy.
Mary : Lis-la, s'il te plaît.
Lisa : *Mes chers amis terriens,*

Mon voyage spatial a été agréable et rapide.
Ma famille était très heureuse de me revoir.
Elle vous remercie tous pour les beaux cadeaux.
C'est étrange d'être ici à nouveau. Les choses sont si différentes.
Vous me manquez tous beaucoup. Je vous enverrai des « esprits-contacts » très souvent. Je ne vous oublierai jamais, ni tous vos amis.
Merci pour tout. Je vous aime.
Shapy

Let's have fun!

Utilise les mots qui sont dans la colonne pour compléter la lettre que Lisa et Steven sont en train d'écrire à Shapy.

MISS
DEAR
YOU
SEE
LETTER
SOON
LOVE

...... Shapy,

Thank you for your .... We .... you very much. We think about ...... every day. We hope to ...... you ...... here or on Twinky. We ....you.

Lisa and Steven

More fun!

Ecoute cette comptine.

STAR LIGHT, STAR BRIGHT
Star light, Star bright,
First Star I see tonight,
I wish I may, I wish I might,
Have the wish I wish tonight.

Lexique

Abréviations : *(v) :* verbe ; *pr :* présent ; *pt :* prétérit ; *pl :* pluriel.

A

A, an : un, une (*a man* : un homme ; *an apple* : une pomme).
About : à peu près, environ.
Ache : douleur, mal.
Actor : acteur.
Actress : actrice.
Add *(v) :* ajouter.
Adult : adulte, grande personne.
Afraid : avoir peur.
Afternoon : après-midi.
Again : encore, à nouveau.
Age : âge.
Airport : aéroport.
All right ! : d'accord !
A lot of : beaucoup de.
Already : déjà.
Also : aussi.
American : Américain(e).
And : et.
Animal : animal.
Another : un(e) autre.
Appetite : appétit.
Apple : pomme.
Apple-pie : tarte aux pommes.
Apricot : abricot.
April : avril.
Are : sont (*pr* de to be).
Arm : bras.
Armchair : fauteuil.
As if : comme si.
Assistant : vendeur(euse).
At : à.
Ate : *pt* de to eat.
August : août.
Aunt : tante.
Autumn : automne.
Away : loin.

B

Bad : mauvais(e).
Bag : sac, cartable.
Bake *(v) :* cuire *(au four).*
Baker : boulanger(ère).
Baking sheet : plaque *(du four).*
Ball : balle.
Ballet : ballet.
Banana : banane.
Bank : banque.
Banknote : billet de banque.
Bath : bain.
Bathroom : salle de bain.
Be *(v)* : être.
Beach : plage.
Beat *(v)* : battre.

Beautiful : beau, belle.
Bear : ours.
Became : *pt* de to become.
Because : parce que.
Be cold *(v)* : avoir froid.
Become *(v)* : devenir.
Bed : lit.
Bedroom : chambre à coucher.
Behind : derrière.
Bell : cloche, clochette.
Big : grand, gros.
Bill : addition *(restaurant).*
Bird : oiseau.
Birthday : anniversaire.
Biscuit : biscuit, gâteau sec.
Black : noir(e).
Blackbird : merle.
Blackboard : tableau noir.
Blind : aveugle.
Blouse : chemisier.
Blow *(v)* : souffler.
Blue : bleu(e).
Boat : bateau.
Body : corps.
Book : livre.
Book *(v)* : réserver.
Boot : botte (chaussure).
Boring : ennuyeux.
Both : les deux.
Bottle : bouteille.
Bottom : bas.
(**At the bottom** : en bas.)
Bought : *pt* de to buy.
Bow : archet *(musique).*
Bowl : saladier, bol.
Box : boîte.
Boy : garçon.
Bread : pain.
Breadcrumb : miette de pain.
Break *(v)* : casser.
Break down *(v)* : tomber en panne.
Breakfast : petit déjeuner.
Breath : respiration.
Bridge : pont.
Bring *(v)* : apporter.
Broom : balai.
Brother : frère.
Brought : *pt* de to bring.
Brown : brun, marron.
Brush *(v)* : brosser.
Bucket : seau.
Bubble : bulle.
Bun : petit pain.
Burn *(v)* : brûler.
Bus : autobus.
But : mais.
Butcher : boucher(ère).
Butter : beurre.
Buy *(v)* : acheter.

C

Cabbage : chou.
Cake : gâteau.
Calendar : calendrier.
Camel : chameau.
Can *(v)* : pouvoir.
Car : voiture.
Carriage : voiture *(train).*
Carrot : carotte.
Carry *(v)* : porter.
Cartoon : dessin animé.
Cassette-recorder : magnétophone.
Cat : chat.
Catch *(v)* : attraper.
Caught : *pt* de to catch.
Celebrate *(v)* : fêter, célébrer.
Celebration : fête.
Centimetre : centimètre.
Cereal : céréale.
Certainly : certainement.
Chair : chaise.
Chalk : craie.

Change : monnaie.
Change into *(v)* : échanger.
Channel : chaîne *(télévision)*.
Cheap : bon marché.
Check *(v)* : vérifier.
Checkpoint : contrôle.
Cheek : joue.
Cherry : cerise.
Chestnut : châtaigne, marron.
Chestnut tree : châtaignier.
Chicken : poulet.
Child : enfant *(pl* **children**).
Chin : menton.
Chips : frites.
Christmas : Noël.
Christmas tree : arbre de Noël.
Chocolate : chocolat.
Choice : choix.
Choose *(v)* : choisir.
Cinema : cinéma.
Circle : cercle.
Clap *(v)* : applaudir.
Clean : propre.
Clean *(v)* : nettoyer.
Clock : horloge, pendule.
Cloth : tissu, étofíe.
Clothes : vêtements.
Cloud : nuage.
Coat : manteau.
Cockpit : cabine de pilotage.
Coffee : café.
Coin : pièce *(de monnaie)*.
Cold : froid(e).
Collect *(v)* : ramasser, rassembler.
Collection : collection.
Colour : couleur.
Come *(v)* : venir.
Comfortable : confortable.
Concentrate *(v)* : se concentrer.
Concert : concert.
Cook : cuisinier(ère).
Cook *(v)* : cuisiner, cuire.
Cookie : biscuit, gâteau sec.
Copy book : cahier.
Cough *(v)* : tousser.
Could : *pt* de to can.
Count *(v)* : compter.
Cousin : cousin(e).
Country : pays.
Cow : vache.
Crown : couronne.
Cry *(v)* : pleurer.
Cucumber : concombre.
Cuddle : câlin.
Cup : tasse.
Cupboard : armoire, placard.
Cut *(v)* : couper.
Customer : client.

D

Daddy : papa.
Daffodil : jonquille.
Dangerous : dangereux.
Date : date.
Daughter : fille.
Day : jour.
Dead : mort(e).
Dear : cher, chère.
(**Oh dear**! : oh là là !, oh mon Dieu).
December : décembre.
Decorate *(v)* : décorer.
Delicious : délicieux(se).
Dentist : dentiste.
Department : rayon *(magasin)*.
Department store : grand magasin.
Depend *(v)* : dépendre.
Depend (on) : dépendre de.
Dessert : dessert.
Dial *(v)* : composer un numéro de téléphone.
Did :*pt* de to do.
Diddle *(v)* : rouler.

Different (from) : différent de.
Difficult : difficile.
Dining-car : wagon-restaurant.
Dining-room : salle à manger.
Dinner : dîner.
Dirty : sale.
Dishwasher : lave-vaisselle.
Dive *(v)* : plonger, se jeter.
Do *(v)* : faire.
Doctor : médecin, docteur.
Dog : chien.
Doll : poupée.
Donkey : âne.
Door : porte.
Double-room : chambre double.
Downstairs : en bas.
Drank : *pt* de to drink.
Draw *(v)* : dessiner.
Dream *(v)* : rêver.
Dress : robe.
Drink *(v)* : boire.
Drive *(v)* : conduire.
Drum : tambour.
Drums : batterie *(musique).*
Duck : canard.
Duckling : caneton.
Dust *(v)* : épousseter.

E

Ear : oreille.
Early : tôt.
Earth : Terre (la).
Earthman : terrien.
Eat *(v)* : manger.
Egg : œuf.
Eight : huit.
Eighteen : dix-huit.
Eighth : huitième.
Eighty : quatre-vingts.
Elbow : coude.
Elephant : éléphant.
Eleven : onze.
Eleventh : onzième.
England : Angleterre.
English : anglais(e).
Enjoy *(v)* : aimer, apprécier.
Enormous : énorme.
Enough : assez.
Equal *(v)* : égaler.
Escalator : escalier mécanique.
Evening : soir, soirée.
Ever : jamais.
Everyday : chaque jour, tous les jours.
Everyone : tout le monde, chacun.
Everything : tout.
Excuse me! : excusez-moi !
Exercise book : cahier.
Expensive : cher, coûteux.
Exist *(v)* : exister.
Excit *(v) :* exciter.
Eye : œil.

F

Face : visage, figure.
Faint *(v) :* s'évanouir.
Family : famille.
Famous : célèbre.
Far : loin.
Faraway : éloigné.
Farm : ferme.
Farmer : fermier(ère).
Fat : gros(se).
Father : père.
Favourite : préféré.
February : février.
Feel *(v) :* éprouver, ressentir.
Fifteen : quinze.
Fifth : cinquième.
Fifty : cinquante.
Fill *(v)* : remplir.
Film : film.

Find *(v)*: trouver.
Finger: doigt.
Finish *(v)*: finir.
Fire: feu.
Fireplace: cheminée.
First: premier.
Fish: poisson.
Fish *(v)*: pêcher.
Fishing: pêche.
Fishing rod: canne à pêche.
Five: cinq.
Float *(v)*: flotter.
Flipper: palme *(natation)*.
Floor: sol, plancher.
Flour: farine.
Flower: fleur.
Flu: grippe.
Flute: flûte.
Fly *(v)*: voler.
Follow *(v)*: suivre.
Foot: pied (*pl* **feet**).
Football: football.
For: pour.
Forest: forêt.
For example: par exemple.
Forget *(v)*: oublier.
Fork: fourchette.
Forty: quarante.
Found: *pt* de to find.
Four: quatre.
Fourteen: quatorze.
Fourth: quatrième.
Free: libre.
Friday: vendredi.
Fridge: réfrigérateur.
Friend: ami(e).
Frigth: peur.
Frightened: effrayé, avoir peur.
From: de (en provenance).
Fruit: fruit.
Frying pan: poêle à frire.
Funny: drôle.

G

Game: jeu.
Garden: jardin.
Gardener: jardinier.
Geometrical: géométrique.
Germany: Allemagne.
Get a cold *(v)*: attraper froid.
Get back *(v)*: retourner.
Get better *(v)*: aller mieux.
Get dressed *(v)*: s'habiller.
Get on *(the train) (v)*: monter *(dans le train)*.
Get on board *(v)*: monter à bord.
Get ready: se préparer.
Giraffe: girafe.
Give *(v)*: donner.
Glass: verre.
Glove: gant.
Go *(v)*: aller.
Go back *(v)*: retourner.
Go on foot: aller à pied.
Go on horseback *(v)*: monter à cheval.
Go for a walk *(v)*: aller se promener.
Go shopping *(v)*: faire des courses.
Go swimming *(v)*: aller nager.
Goal: but.
Good: bon(ne).
Good evening: bonsoir.
Good morning: bonjour.
Good night: bonne nuit.
Good bye: au revoir.
Gorgeous: magnifique.
Grandfather: grand-père.
Grandmother: grand-mère.
Grandparents: grands-parents.
Grapefruit: pamplemousse.
Grape: raisin.
Grass: gazon, pelouse.

Greased : graissé, huilé.
Green : vert.
Greengrocer : marchand(e) de légumes, m. des quatre-saisons.
Grocer : épicier.
Guess *(v)* : deviner.
Guide : guide.

H

Had : *pt* de to have.
Hair : cheveux.
Hairdresser : coiffeur.
Half : moitié, demi(e).
Hand : main.
Happy : heureux(se).
Have *(v)* : avoir.
Have a bath *(v)* : prendre un bain.
Have a great time *(v)* : s'amuser.
Have a look *(v)* : jeter un coup d'œil.
Have a rest *(v)* : se reposer.
Have a sweet tooth *(v)* : être gourmand.
He : il.
Head : tête.
Headache : mal à la tête.
Health : santé.
Hear *(v)* : entendre.
Hear from *(v)* : entendre parler de.
Heart : cœur.
Heavy : lourd(e), pesant(e).
Hedge : bord, haie.
Hello : bonjour, salut.
Help : aide.
Help *(v)* : aider.
Help! : au secours !
Hen : poule.
Her : son, sa, ses.
High : haut(e).
High tide : marée haute.
Him : le, lui.
His : son, sa, ses.
Hold *(v)* : tenir.
Holiday : vacances.
Home : maison, foyer.
Hook : hameçon.
Hot : chaud(e).
House : maison.
How : comment.
How! : comme !
How many? : combien ?
How much? : combien ?
How old? : quel âge ?
Hundred : cent.
Hush! : chut !
Hurry up! : dépêche toi !
Hurt *(v)* : se blesser.

I, J, K

I : je.
Ice-cream : glace.
If : si.
Ill : malade.
In : dans.
Incredible : incroyable.
Inside : à l'intérieur.
Instrument : instrument.
Interesting : intéressant.
Italy : Italie.

Jacket : veste.
Jam : confiture.
January : janvier.
Jingle *(v)* : tinter.
Job : métier.
Juice : jus.
July : juillet.
Jump *(v)* : sauter.
June : juin.

Keep *(v)* : garder, conserver.
Key : clé.
Kilogram : kilogramme.

Kind : gentil(le).
Kind of : sorte de.
King : roi.
Kiss : baiser.
Kiss *(v)* : embrasser.
Kitchen : cuisine.
Knee : genou.
Knife : couteau.
Know *(v)* : savoir, connaître.

L

Land (v) : atterrir.
Last : dernier.
Last *(v)* : durer.
Late : tard, en retard.
Laugh *(v)* : rire.
Laugh at *(v)* : rire de.
Lawn-mower : tondeuse (à gazon).
Lay eggs *(v)* : pondre des œufs.
Lazy : paresseux.
Leaf : feuille (*pl* **leaves**).
Leave *(v)* : laisser, quitter.
Leek : poireau.
Left : gauche *(direction)*.
Leg : jambe.
Lemon : citron.
Letter : lettre.
Lettuce : laitue.
Life : vie (*pl* **lives**).
Light : lumière, léger.
Like : comme.
Like *(v)* : aimer.
Lion : lion.
Lioness : lionne.
Lip : lèvre.
Listen to *(v)* : écouter.
Little : petit.
Live : vivant(e).
Live *(v)* : vivre.
Living-room : salon.
London : Londres.
Lonely : seul(e).
Long : long(ue).
Look at *(v)* : regarder.
Look for *(v)* : chercher.
Look like *(v)* : ressembler.
Lose *(v)* : perdre.
Lost : perdu(e).
Loud : à voix haute, bruyant.
Love : amour.
Love *(v)* : aimer.
Lovely : adorable, joli(e).
Low : bas(se).
Low tide : marée basse.
Lucky : chanceux.
Luggage : bagages.
Lunch : déjeuner.

M

Made : *pt* de to make.
Make *(v)* : faire.
Man : homme (*pl* **men**).
Marble : bille.
March : mars.
Market : marché.
Master : maître, professeur.
May : mai.
Me : me, moi.
Meal : repas.
Meat : viande.
Meet *(v)* : rencontrer.
Melon : melon.
Menu : menu.
Merry : gai.
Metre : mètre.
Midnight : minuit.
Milk : lait.
Mind : esprit.
Mirror : miroir.
Miss *(v)* : manquer.
Mix *(v)* : mélanger.

Monday : lundi.
Money : argent.
Monkey : singe.
Monument : monument.
Month : mois.
Morning : matin.
Morocco : Maroc.
Mother : mère.
Mouse : souris (*pl* **mice**).
Mouth : bouche.
Much : beaucoup (de), trop.
Mummy : maman.
Music : musique.
Must *(v)* : devoir.
My : mon, ma, mes.
My God! : Mon Dieu !

N

Name : nom.
Neck : cou.
Need *(v)* : avoir besoin (de).
Never : jamais.
Never mind! : tant pis !
New : nouveau, nouvelle.
Next to : près de.
Nice : gentil(le).
Night : nuit.
Nine : neuf.
Nineteen : dix-neuf.
Ninth : neuvième.
Ninety : quatre-vingt-dix.
Noise : bruit.
No : non.
Nose : nez.
Note : billet *(banque)*.
November : novembre.
Number : nombre.
Nut : noix.

O

Object : objet.
O'clock *(eight)* : huit heures.
October : octobre.
Of course : bien sûr.
Off : fermé, éteint.
Oil : huile.
Old : vieux, vieille, âgé(e).
On : ouvert, allumé.
On : sur.
One : un(e).
Onion : oignon.
Only : seulement.
Orange : orange.
Order *(v)* : commander.
Ostriche : autruche.
Outside : dehors, à l'extérieur.
Oven : four.
Over : au-dessus de.
(It's over) : c'est terminé.

P

Pale : pâle.
Parasol : parasol.
Party : fête.
Past : passé *(dans le temps)*.
Pastries : pâtisseries.
Patient : patient(e).
Pay *(v)* : payer.
Pea : petit pois.
Pear : poire.
Peel *(v)* : éplucher.
Pen : stylo.
Pencil : crayon.
Pencil case : trousse.
Penguin : pingouin.
Pepper : poivre.
Piano : piano.

Picnic : pique-nique.
Picture : image, peinture, photo.
Piece : morceau.
Pilot : pilote.
Pink : rose *(couleur)*.
Pink : œillet.
Pigeon : pigeon.
Plane : avion.
Planet : planète.
Plant : plante.
Plant *(v)* : planter.
Plate : assiette.
Platform : quai *(gare)*.
Play *(v)* : jouer.
Please : s'il vous plaît.
Plum : prune.
Pocket : poche.
Policeman : policier.
Poor : pauvre.
Poppy : coquelicot.
Porter : bagagiste.
Postcard : carte postale.
Postman : facteur.
Potato : pomme de terre.
Pound : Livre *(monnaie)*.
Pour *(v)* : verser.
Pour out *(v)* : déverser.
Practise *(v)* : pratiquer.
Prefer *(v)* : préférer.
Prepare *(v)* : préparer.
Present : cadeau.
Prime Minister : premier Ministre.
Prince : prince.
Princess : princesse.
Programme : programme.
Pullover : pull-over.
Pupil : élève.
Purple : violet.
Put *(v)* : mettre.
Put on *(v)* : mettre un vêtement.
Pyjamas : pyjama.

Q

Quality : qualité.
Quarter : part.
Queen : reine.
Quiet : calme, tranquille.
Quick : vite, rapide.

R

Rabbit : lapin.
Racket : raquette.
Racing-car : voiture de course.
Rain : pluie.
Rain *(v)* : pleuvoir.
Rainbow : arc-en-ciel.
Raincoat : imperméable.
Rainy : pluvieux.
Rake : râteau.
Ray : rayon.
Read *(v)* : lire.
Ready : prêt(e).
Really : vraiment.
Recipe : recette.
Rectangle : rectangle.
Red : rouge.
Relief : soulagement.
Remember *(v)* : se souvenir de.
Remind *(v)* : rappeler.
Restaurant : restaurant.
Rice : riz.
Rich : riche.
Right : vrai, juste, droit(e) *(direction)*.
Roast-beef : rosbif.
Rock : rocher.
Roller skate : patin (à roulettes).
Roof : toit.
Rose : rose *(fleur)*.
Rubber : gomme.
Rubber ring : bouée.
Run : course, trajet.

S

Sad : triste.
Salad : salade.
Sales : soldes.
Salt : sel.
Sand : sable.
Sandcastle : château de sable.
Sandwich : sandwich.
Saturday : samedi.
Sausage : saucisse.
Saw : *pt* de to see.
Scared : effrayé.
Scary : redoutable, effrayant.
School : école.
Score *(v)* : marquer *(des points).*
Sea : mer.
Sealion : otarie.
Seaside : bord de mer.
Season : saison.
Second : second, deuxième.
See *(v)* : voir.
Seed : graine.
Send *(v)* : envoyer.
September : septembre.
Seven : sept.
Seventeen : dix-sept.
Seventh : septième.
Seventy : soixante-dix.
Shampoo : shampooing.
She : elle.
Sheep : mouton.
Shirt : chemise.
Shoe : chaussure.
Shop : magasin.
Shopping : achats.
Short : court(e).
Shortening : matière grasse.
Shoulder : épaule.
Show *(v)* : montrer.
Shrimp : crevette.
Shrimp net : épuisette.
Sick : malade.
Silent : silencieux(se).
Silver : argent.
Sing *(v)* : chanter.
Single room : chambre simple.
Sink : évier.
Sister : sœur.
Sit down *(v)* : s'asseoir.
Six : six.
Sixteen : seize.
Sixth : sixième.
Sixty : soixante.
Skateboard : planche à roulettes.
Ski *(v)* : skier.
Skiboot : chaussure de ski.
Skirt : jupe.
Sky : ciel.
Sleep : sommeil.
Sleep *(v)* : dormir.
Sleeping-car : wagon-lit.
Sleigh : traîneau.
Slipper : pantoufle.
Small : petit(e).
Smell *(v)* : sentir.
Snake : serpent.
Snow : neige.
Snow *(v)* : neiger.
So : si, aussi.
Soap : savon.
Sock : chaussette.
Sofa : canapé.
Soldier : soldat.
Sometimes : quelquefois, parfois.
Son : fils.
Soon : bientôt.
Sore : mal, douloureux.
Sorry : triste.
(**To be sorry** : être désolé.)
Sound : son *(bruit).*
Sound *(v) :* ausculter.
Soup : soupe.
South : sud.

Space : espace.
Spade : pelle.
Spain : Espagne.
Sparrow : moineau.
Speak *(v)* : parler.
Spinach : épinard.
Splash *(v)* : éclabousser.
Spoon : cuillère.
Spring : printemps.
Square : carré.
Star : étoile.
Starfish : étoile de mer.
Start *(v)* : commencer.
Station : gare.
Stay *(v)* : rester.
Stick : bâton.
Stocking : bas *(vêtement)*.
Stomach : estomac.
Stool : tabouret.
Stop *(v)* : arrêter.
Straight : droit, direct.
Strange : étrange, bizarre.
String : corde.
Strong : fort(e).
Sugar : sucre.
Suit : costume.
Suitcase : valise.
Summer : été.
Sun : soleil.
Sunburn : coup de soleil.
Sunburnt : brûlé par le soleil, bronzé.
Sun cream : crème solaire.
Sunday : dimanche.
Sunny : ensoleillé.
Sweep *(v)* : balayer.
Sweet : doux(ce).
Swim *(v)* : nager.
Swimming : natation.
Swimsuit : maillot de bain.
Switch on *(v)* : allumer.
Switch off *(v)* : éteindre.

T

Table : table.
Tablet : comprimé *(pharmacie)*.
Tablespoon : cuillère à soupe.
Tail : queue.
Take *(v)* : prendre.
Take off *(v)* : retirer, décoller.
Talk *(v)* : parler.
Tall : grand.
Taste *(v)* : goûter.
Taught : *pt* de to teach.
Tea : thé.
Teach *(v)* : apprendre, enseigner.
Teacher : professeur.
Teaspoon : petite cuillère.
Telephone : téléphone.
Telephone *(v)* : téléphoner.
Television : télévision.
Temperature : température.
Ten : dix.
Tennis : tennis.
Thank *(v)* : remercier.
Thank you : merci.
The : le, la, les.
Their : leur(s).
Them : eux, elles.
There : là.
There is (there's) : il y a.
They : ils, elles.
Thin : mince.
Thing : chose.
Think *(v)* : penser.
Third : troisième.
Thirst : soif
Thirteen : treize.
Thirteenth : treizième.
Thirty : trente.
Three : trois.
Throat : gorge.
Through : à travers, par.
Thursday : jeudi.
Ticket : billet.

Ticket-office : guichet.
Tide : marée.
Tiger : tigre.
Tinsel garlands : guirlandes *(de Noël).*
Tired : fatigué(e).
Tiring : fatigant.
Today : aujourd'hui.
Toe : orteil.
Together : ensemble.
Toilet : toilettes.
Tomato : tomate.
Tomorrow : demain.
Tongue : langue.
Tonight : ce soir, cette nuit.
Too : aussi, trop.
Took : *pt* de to take.
Tooth : dent (*pl* **teeth**).
Toothbrush : brosse à dents.
Toothpaste : dentifrice.
Top (on) : en haut, au-dessus.
Touch *(v)* : toucher.
Towel : serviette.
Tower : tour.
Toy : jouet.
Train : train.
Transparent : transparent(e).
Travel *(v)* : voyager.
Tree : arbre.
Triangle : triangle.
Trick : tour, astuce.
Trousers : pantalon.
Try *(v)* : essayer.
Tube : métro.
Tuesday : mardi.
Turkey : dindon, dinde.
Turn *(v)* : tourner.
Twelve : douze.
Twenty : vingt.
Twice : deux fois.
Twinkle *(v)* : scintiller.
Two : deux.

U, V

Umbrella : parapluie.
Uncle : oncle.
Under : sous, dessous.
Understand *(v)* : comprendre.
Unhappy : malheureux.
Unit : unité.
Upstairs : en haut.
Us : nous.
Use *(v)* : utiliser.

Vacuum cleaner : aspirateur.
Vegetable : légume.
Very much : beaucoup.
Vinegar : vinaigre.
Violet : violet *(couleur),* violette *(fleur).*
Violin : violon.
Visit : visite.
Visit *(v)* : visiter.

W, Y, Z

Wait *(v)* : attendre.
Waiter : serveur, garçon *(café, restaurant).*
Walk *(v)* : marcher.
Want *(v)* : vouloir.
Warm : chaud(e).
Was : *pt* (I, he, she, it) de to be.
Wash *(v)* : laver.
Watch *(v)* : regarder *(spectacle).*
Water : eau.
Water *(v)* : arroser.
Waterfall : cascade.
Watering-can : arrosoir.
Wave : vague.
Way : chemin, direction.
Wear *(v)* : porter *(un vêtement).*
Weather : temps.

Wednesday : mercredi.
Week : semaine.
Weekend : fin de semaine.
Weigh *(v)* : peser.
Went : *pt* de to go.
Were : *pt* (we, you, they) de to be.
What? : quel(le) ?
Wheelbarrow : brouette.
Where : où.
Which : quel(le), lequel, laquelle, lesquels(les).
Whisper : chuchoter, murmurer.
White : blanc(che).
Who : qui.
Why? : pourquoi ?
Wife : femme, épouse.
Win *(v)* : gagner.
Wind : vent.
Window : fenêtre.
Windy : venteux.
(**It's windy** : il y a du vent.)
Wing : aile.
Winner : gagnant.
Winter : hiver.
Witch : sorcière.
Wish : souhait.
Wish *(v)* : souhaiter.
With : avec.
Wolf : loup (*pl* **wolves**).
Woman : femme (*pl* **women**).
Wonder *(v)* : se demander.
Wonderful : merveilleux(se).
Work : travail.
Work *(v)* : travailler.
World : monde.
Worry *(v)* : s'inquiéter.
Wrap *(v)* : faire un paquet.
Write *(v)* : écrire.
Wrong : faux.

Year : année.
Yellow : jaune.
You : tu, vous.
Young : jeune.
Your : ton, ta, tes, votre, vos.

Zebra : zèbre.
Zoo : zoo.
Zero : zéro.

Corrigés des exercices et des jeux

LESSON 1

Ready, Steady, Go!

1. My name's Tom.
2. Who are you?
3. My name's Sarah.

Let's have fun!

What's your name?

More fun!

Name.

LESSON 2

Ready, Steady, Go!

1. I come from London in England.
2. I come from Pointe-à-Pitre in Guadeloupe.
3. I come from Rabat in Morocco.

Let's have fun!

		1.	S	T	A	R	S	
			H					
			A					
		2.	P	L	A	N	E	T
3.	S	K	Y					

LESSON 3

Ready, Steady, Go!

1. She's my mother (ou sister).
2. He's my father (ou brother).
3. She's my mother (ou sister).

Let's have fun!

1. Grandparents.
2. Grandparents.
3. Father.
4. Mother.
5. Brother.
6. Sister.

LESSON 4

Ready, Steady, Go!

1 ☒ Big.
2 ☒ Small.
3 ☒ Comfortable.

Let's have fun!

1. Dining-room.
2. Kitchen.
3. Living-room.

LESSON 5

Ready, Steady, Go!

There's one house.
There's one toilet.

There are two bedrooms.
There are three planets.

Let's have fun!

1. Kitchen.
2. Bathroom.
3. Bedroom.
4. Living-room.
5. Dining-room.

LESSON **6**

Ready, Steady, Go!

1. Sur la chaise.
2. Dans le lit.
3. Sous le lit.

Let's have fun!

1. No, he isn't.
2. Yes, he is.

LESSON **7**

Ready, Steady, Go!

1. Right. **2.** Wrong.

Let's have fun!

1. Bed. **2.** Chair **3.** Sofa.

More fun!

1. Roof. **2.** House. **3.** Door.
4. Window.

LESSON **8**

Ready, Steady, Go!

1. He's hungry.
2. She's thirsty.

Let's have fun!

When we're thirsty we drink and when we're hungry we eat.

LESSON **9**

Ready, Steady, Go!

Eat:

1. Bread and butter.
2. Jam.
3. Bacon and eggs.
4. Cereals.

Drink:

1. Coffee.
2. Tea.
3. Milk.
4. Hot chocolate.

Let's have fun!

Breakfast:

Coffee - Hot chocolate - Bread and butter - Jam - Bacon and eggs - Cereals.

Lunch:

Fish and chips - Chicken - Hamburger - Vegetables - Water - Orange juice.

LESSON **10**

Ready, Steady, Go!

1. I'm watching T.V.
2. I'm reading.
3. I'm writing.

Let's have fun!

1. They're watching T.V.
2. He's cooking.

LESSON 11

Ready, Steady, Go!

8 = eight.
5 = five.
2 = two.
3 = three.
11 = eleven.
9 = nine.
10 = ten.

Let's have fun!

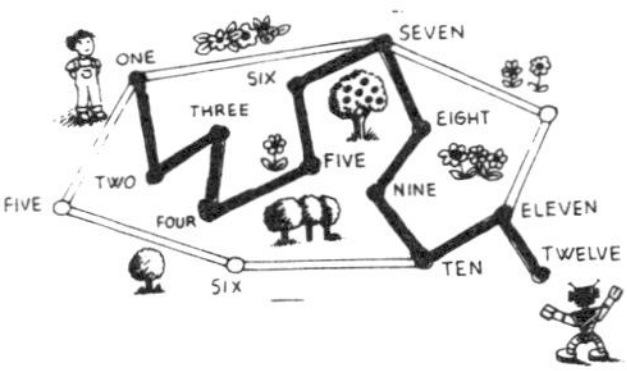

LESSON 12

Ready, Steady, Go!

1. He's got FOUR arms.
2. He's got ONE leg.
3. He's got TEN fingers.
4. He's got SEVEN toes.

Let's have fun!

1. Toes.
2. Head.
3. Fingers.
4. Foot (ou feet).
5. Knee.
6. Body.

LESSON 13

Ready, Steady, Go!

1. With my MOUTH, I can SPEAK.
2. With my EYES, I can SEE.
3. With my NOSE, I can SMELL.

Let's have fun!

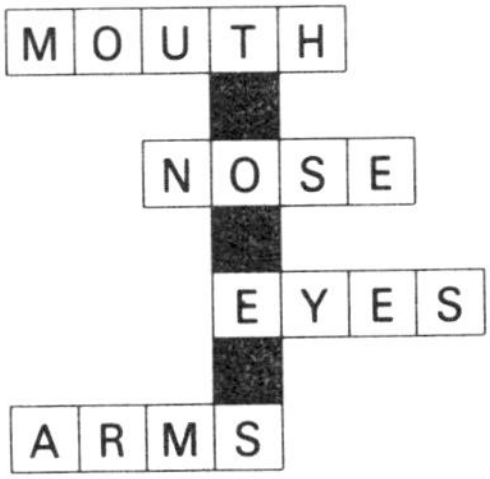

Mot mystérieux = TOES.

LESSON 14

Ready, Steady, Go!

1. Circle 
2. Triangle 
3. Square 

Let's have fun!

Vérifie ton dessin.
Le corps doit être un carré ; la tête doit être un cercle ; les bras doivent être des triangles ; les pieds doivent être des carrés ; la bouche doit être un carré ; les yeux doivent être des cercles.

More fun!

1. I can see SIX circles.
2. I can see EIGHT triangles.
3. I can see FIVE squares.

LESSON **15**

Ready, Steady, Go!

1. Twenty-two, twenty-four, twenty-six.
2. Thirty-five.
3. Seventy.
4. Forty, thirty, twenty, ten.

LESSON **16**

Ready, Steady, Go!

1. Green.
2. Orange.

Let's have fun!

1. Ballon = rouge.
2. Ice-cream = rose.
3. Livre = vert.

LESSON **17**

Ready, Steady, Go!

1. The sun is yellow.
2. The car is white.
3. The tree is green.

Let's have fun!

1. Un ciel bleu.
2. Un soleil jaune.
3. Une voiture rouge.
4. Un arbre vert.

LESSON **18**

Ready, Steady, Go!

Steven : Tu dois avoir dessiné :

1. Pantalon.
2. Chemise.
3. Pull-over.

Lisa : Tu dois avoir barré sur le dessin :

1. Chaussettes.
2. Chaussures.
3. Pull-over.

Let's have fun!

S	U	I	T	L	L
T	R	O	U	S	E
S	H	I	R	T	R
P	U	L	L	O	S
Y	E	R	E	V	O
S	H	O	E	S	W

Vêtements =

1. Suit.
2. Trousers.
3. Shirt.
4. Pullover.
5. Shoes.

Couleur = Yellow.

LESSON **19**

Ready, Steady, Go!

1. Socks.
2. Boots.
3. Pyjamas.
4. Pullover.
5. Hat.
6. Trousers.
7. Shoes.

Let's have fun!

1. Jessica.
2. Tom.
3. Anna.
4. Benjamin.

LESSON **20**

Ready, Steady, Go!

H Z S L
R A O S
E B A T
U R P V

1. SOAP

A U C B O E R S
U S H A M P O O
V T R T U S B F
T O U R D E B A

2. SHAMPOO

R U B T B C E R A N
O A C D E U F G I R
T O O T H B R U S H
J E K R M C H S U V

3. TOOTHBRUSH

Let's have fun!

Lisa's washing her face.
Mary's having a bath.

LESSON **21**

Ready, Steady, Go!

1. It's Shapy's.
2. It's Steven's.

Let's have fun!

1. Whose bag is this?
2. Whose pencil case is this?

LESSON **22**

Ready, Steady, Go!

Let's have fun!

1. ☒ John.
2. ☒ Jessi.
3. ☒ Oliver.
☒ Mark.

LESSON **23**

Ready, Steady, Go!

1. FAT 2. HIGH 3. SMALL
4. POOR 5. HOT 6. NEW
7. HAPPY.

Let's have fun!

1. The table is so low!
2. Mr. Rockefeller is so rich!

More fun!

1. Le soleil est haut (dans le ciel) et jaune.
2. La balle est bleue et petite.
3. L'arbre est grand et vert.

LESSON **24**

Ready, Steady, Go!

1. Monday is the FIRST day on the week.
2. The fourth day of the week is THURSDAY.
3. TUESDAY is the second day of the week.
4. Wednesday is the THIRD day of the week.
5. FRIDAY is the fifth day of the week.
6. The sixth day of the week is SATURDAY.
7. Sunday is the SEVENTH day of the week.

Let's have fun!

LESSON **25**

Ready, Steady, Go!

1. The fourth month is APRIL.
2. The first month is JANUARY.
3. The second month is FEBRUARY.
4. The seventh month is JULY.
5. The eighth month is AUGUST.
6. The fifth month is MAY.

Let's have fun!

1. January.
2. February.
3. March.
4. April.
5. May.
6. June.
7. July.
8. August.
9. September.
10. October.
11. November.
12. December.

More fun!

Allison's fifth. Jessi's second.
Talia's fourth. Jessica's third.
Mark's first. Oliver's sixth.

Ready, Steady, Go!

1. John's wearing a pullover.
2. The leaves are falling.
3. Mary's cold.

Let's have fun!

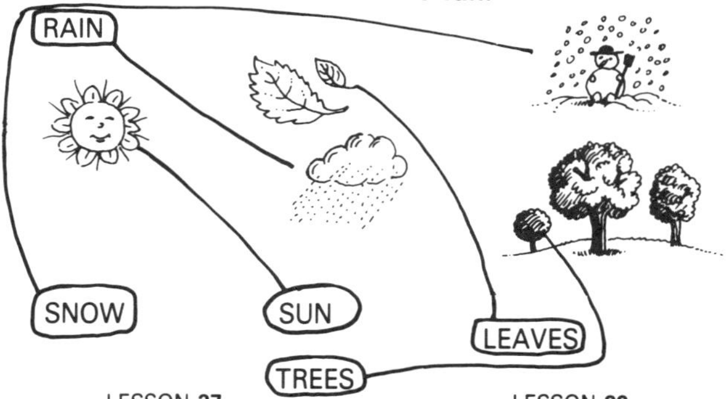

LESSON 27

Ready, Steady, Go!

T	C	L	O	U	D	S
W	E	A	T	H	E	R
S	P	K	O	N	V	S
R	B	W	A	R	M	K
T	A	G	J	L	I	Y
S	U	N	N	Y	P	W

1. Clouds.
2. Weather.
3. Warm.
4. Sunny.
5. Sky.

Let's have fun!

1. Dover: sun.
2. Southampton: clouds.
3. Manchester: snow.

LESSON 28

Ready, Steady, Go!

1. Hot - cold - cup - warm.
2. Red - apple - blue - yellow.
3. Tea - water - cloud - milk.
4. Sixteen - father - mother - sister.

Let's have fun!

1. The sun's shining.
2. The wind's blowing.
3. Steven's cold.
4. Mary's hot.

LESSON 29

Ready, Steady, Go!

1. Wednesday, May 10th.
2. Sunday, May 14th.
3. Saturday, May 27th.
4. Wednesday, May 31st.

Let's have fun!

1. Jessi's birthday is on December 9th.
2. Mark's birthday is on March 1st.
3. Corinne's birthday is on April 30th.
4. Oliver's birthday is on June 10th.
5. Talia's birthday is on May 25th.
6. Benjamin's birthday is on July 31st.

7. Tu dois avoir écrit ta date de naissance.

LESSON **30**

Ready, Steady, Go!

1. Joan's six.
2. Wendy's eight.
3. Jennifer's ten.
4. Susan's twelve.

Let's have fun!

1. I'm eight.
2. How old are you?

More fun!

1. He's ten.
2. She's eight.
3. They're nine.

LESSON **31**

Ready, Steady, Go!

1. "Family in danger".
2. "Lost animals".

Let's have fun!

T	C	P	C	Y	A
A	I	W	M	E	C
C	N	M	E	L	T
V	E	A	R	W	O
O	M	R	A	O	R
C	A	F	I	U	H
C	A	M	E	R	A

1. Cinema. **3.** Actor.
2. Camera.

LESSON **32**

Ready, Steady, Go!

1. I don't play.
2. You don't work.
3. They don't sleep.

Let's have fun!

1. FILM. **3.** CARTOON.
2. ACTRESS.

More fun!

L'intrus est : STREET.

LESSON **33**

Ready, Steady, Go!

1. The radio is ON.
2. The T.V. is OFF.
3. The cooker is ON.
4. The light is ON.

Let's have fun!

Les mots à entourer sont : Programme - Films - The news - T.V. guide - Cartoons.

More fun!

Par exemple :

1. Noise.
2. Nose.

LESSON **34**

Ready, Steady, Go!

1. Greengrocer.
2. Butcher.
3. Baker.

Let's have fun!

1. At the baker's.
2. At the grocer's.
3. At the greengrocer's.

LESSON **35**

Let's have fun!

1. Banana.
2. Orange.
3. Apricot.
4. Cherries.
5. Pear.
6. Grapes.

LESSON **36**

Ready, Steady, Go!

1. There's one lemon.
2. There's one cabbage.

1. There are three apples.
2. There are two tomatoes.

Let's have fun!

1. POTATO.
2. TOMATO.
3. CUCUMBER.
4. CARROT.
5. ONION.
6. SPINACH.

LESSON **37**

Ready, Steady, Go!

Let's have fun!

L	I	V	U	S	A	G
E	T	B	L	I	E	Y
T	W	R	S	N	T	U
T	A	B	C	K	D	E
U	S	P	O	O	N	D
C	I	O	E	L	P	T
E	V	I	F	G	M	E
X	A	L	O	V	E	N

1. Spoon.
2. Oven.
3. Lettuce.
4. Oil.
5. Sink.

LESSON **38**

Ready, Steady, Go!

1. MIX well.
2. ADD butter.
3. POUR hot water.

LESSON **39**

Ready, Steady, Go!

TOM
1. I'd like soup, fish and apple pie.

ALLAN
2. I'd like a salad, fish and chips and an ice-cream.

Let's have fun!

LISA
Vegetable soup
Chicken and chips
Orange juice.

STEVEN
Mixed salad
Roast beef
Potatoes and peas
Water.

LESSON **40**

Ready, Steady, Go!

Kevin.

Let's have fun!

France = Franc.
U.S.A. = Dollar.
England = Pound.

More fun!

P	B	E	C	P	R
O	A	T	O	E	A
U	N	O	I	N	C
N	K	N	N	C	C
D	L	K	S	E	O
D	P	N	N	E	U
O	A	A	O	Y	N
L	Y	B	M	A	T

Monnaie américaine = Dollar.

LESSON **41**

Ready, Steady, Go!

1. The book department.
2. The toy department.

Let's have fun!

Lettres de la réponse :

Ex. S
1. H
2. A
3. P
4. Y

More fun!

Réponse : FAMOUS.

LESSON **42**

Ready, Steady, Go!

1. How much are these roller skates?
– They're 30 pounds.
2. How much are these marbles?
– They're 7 pounds.

Let's have fun!

1. Doll.
2. Roller skates.
3. Cassette-recorder.

LESSON **43**

Ready, Steady, Go!

SAD = [3]
HAPPY = [4]

Let's have fun!

1. He's sad (ou unhappy).
2. She's happy.
3. He's happy.

More fun!

1. SAD. **3.** LONELY.
2. HAPPY. **4.** UNHAPPY.

Prénom : SHOLANAH.

LESSON **44**

Ready, Steady, Go!

1. It's four o'clock.
2. It's ten past three.
3. It's half past nine.

Let's have fun!

1. I go to school at half past eight.
2. I have lunch at twelve o'clock.
3. I go to bed at eight o'clock.

LESSON **45**

Ready, Steady, Go!

1. It's a quarter to twelve.
2. It's five to eight.

Let's have fun!

1. d - **2.** c - **3.** a - **4.** b.

LESSON **46**

Ready, Steady, Go!

1. Tomorrow she will go to the cinema.
2. Tomorrow they will go to the restaurant.

Let's have fun!

1. BUCKINGHAM PALACE.
2. BIG BEN.
3. PARLIAMENT.
4. TOWER OF LONDON.

LESSON **47**

Ready, Steady, Go!

1. Cloth.
2. Dishwasher.
3. Broom.
4. Vacuum cleaner.

Let's have fun!

Ted is using the VACUUM CLEANER under the armchair. Bob is DUSTING the table.

Molly is doing the WASHING UP. Kevin is using a BROOM to sweep the floor. Sally is switching on the DISHWASHER.

LESSON 48

Ready, Steady, Go!

A

1. The nose is bigger.
2. The doll is more expensive.

B

1. The nose is smaller.
2. The doll is cheaper.

Let's have fun!

1. The armchair is BIGGER than the chair.
2. The Eiffel Tower is HIGHER than Big Ben.
3. The man is OLDER than the woman.

LESSON 49

Ready, Steady, Go!

1. Girl B is the thinnest.
2. Shoe A is the dirtiest.

Let's have fun!

1. The dirtiest boy = Bill.
2. The biggest glass = Bill.
3. The most enormous salad = Ted.
4. The smallest sandwich = Bill.

More fun!

1. The grandfather is the OLDEST in the family.
2. The Eiffel Tower is the HIGHEST monument.

LESSON 50

Ready, Steady, Go!

1. She doesn't like tennis.
2. He likes swimming.
3. She doesn't like ice-skating.

Let's have fun!

1. ICE-SKATING. 4. ICE-SKATING.
2. RACKET. 5. TENNIS.
3. SWIMMING. 6. FOOTBALL.

Sport national anglais : CRICKET.

More fun!

1. I like . . . .
(Tu as indiqué le sport que tu aimes.)
2. I don't like . . . .
(Tu as indiqué le sport que tu n'aimes pas.)

LESSON 51

Ready, Steady, Go!

P	U	Z	Z	L	E
M	A	R	L	E	B
A	D	O	L	L	A
R	P	E	N	D	G
B	B	O	O	K	A
L	I	U	C	P	B
E	Y	C	A	R	G
S	R	O	B	O	T

1. Puzzle. 5. Car.
2. Doll. 6. Robot.
3. Pen. 7. Marbles.
4. Book. 8. Bag.

LESSON **52**

Ready, Steady, Go!

In the Christmas stocking there are:
One Father Christmas.
One car.
One box of chocolates.
Two dolls.
Four stars.

LESSON **53**

Ready, Steady, Go!

1. She's going to eat a cake.
2. They're going to play tennis.
3. He's going to watch television.

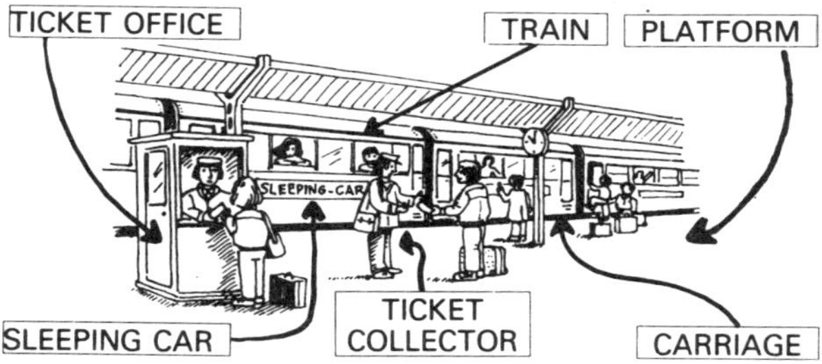

LESSON **54**

Ready, Steady, Go!

1. Ski.
2. Ski-boot.
3. Sticks.
4. Snow.

Let's have fun!

HELP.

LESSON **55**

Ready, Steady, Go!

1. ASPIRIN.
2. FLU.
3. HEADACHE.

Let's have fun!

1. He's got a sore throat.
2. She's got a headache.
3. He's got a temperature.

LESSON 56

Ready, Steady, Go!

1. She needs a car.
2. He needs money.
3. They need a car.

Let's have fun!

1. She's fainting.
2. He's got a stomach ache.
3. She needs a rest.

LESSON 57

Ready, Steady, Go!

1. Does your stomach hurt?
2. Does your throat hurt?
3. Does your head hurt?

Let's have fun!

1. She's fond of chocolate.
2. He's fond of Coca-cola.
3. They're fond of music.

More fun!

1. PRESCRIPTION.
2. INDIGESTION.
3. STETHOSCOPE.

LESSON 58

Ready, Steady, Go!

1 Hello, 4. 9. 2. 2. 6. 4. 0. 3.
2 Hello, can I speak to Peter, please?
3 Who's speaking?
4 This is John.
5 Just a minute.

Let's have fun!

Can I speak to Shapy?

More fun!

1. One.
2. Ten.
3. Pen.
4. Peel.

LESSON 59

Ready, Steady, Go!

1. I'd like a glass of water.
2. I'd like a glass of milk.
3. I'd like a cake.

Let's have fun!

1. Come and watch T.V.
2. Come and have a drink.

LESSON 60

Ready, Steady, Go!

1. I'd like to be a baker.
2. I'd like to be a pilot.
3. I'd like to be a policeman.

Let's have fun!

1. Policeman (casque).
2. Dentist (fauteuil).
3. Pilot (avion).
4. Postman (lettres).

More fun!

FIREMAN.

LESSON 61

Ready, Steady, Go!

1. Are you a doctor?
2. Are you a hairdresser?
3. Are you a nurse?

Let's have fun!

Question : What's your job?
Question : What's his job?

More fun!

1. Hairdresser.
2. Waiter.
3. Nurse.
4. Doctor.

LESSON **62**

Ready, Steady, Go!

1. A blue car.
2. A red bus.
3. A green plane.

Let's have fun!

1. [B]us.
2. F[o]ot.
3. Pl[a]ne.
4. [T]rain.

Solution : BOAT.

LESSON **63**

Ready, Steady, Go!

1. They look sad.
2. It looks hungry.
3. He looks thirsty.

Let's have fun!

Les enfants ont vu :
Snake.
Monkey.
Tiger.

Les enfants n'ont pas vu : Camel - Elephant - Zebra - Ostrich - Lioness - Lion - Sea lion.

LESSON **64**

Ready, Steady, Go!

1. I wish I could have a cat.
2. I wish I could see an elephant.

Let's have fun!

1. It's a giraffe.
2. It's an elephant.
3. It's a bear.
4. It's a bird.

LESSON **65**

Ready, Steady, Go!

1. He's cutting the grass.
2. The're sweeping up the dead leaves.
3. He's planting seeds.

Let's have fun!

1. Pinks.
2. Poppies.
3. Daffodils.
4. Tulips.

More fun!

1. Rose.
2. Pink.
3. Poppy.
4. Daffodil.
5. Tulip.

LESSON **66**

Ready, Steady, Go!

1. He's collecting dead leaves.
2. He's watering the flowers.
3. She's picking flowers.
4. He's cutting the hedge.

Let's have fun!

1. A rake.
2. A watering-can.
3. A wheelbarrow.
4. Dead leaves.

P	R	A	K	E	T	W
L	E	A	V	E	S	A
P	I	N	K	S	A	T
S	E	E	D	O	R	E
X	H	S	R	E	D	R
F	L	O	W	E	R	S

More fun!

1. Rake.
2. Leaves.
3. Pinks.
4. Seed.
5. Flowers.
6. Water.

LESSON 67

Ready, Steady, Go!

Let's have fun!

D	O	G	H	I	H
M	C	A	T	S	E
O	S	L	R	H	N
U	P	I	A	E	C
S	L	O	V	E	O
E	N	N	T	P	W

1. Dog.
2. Cat.
3. Mouse.
4. Lion.
5. Sheep.
6. Hen.
7. Cow.

LESSON 68

Ready, Steady, Go!

☒ Cat.
☒ Rabbit.
☒ Duck.
☒ Horse.

More fun!

C

1. Chicken.
2. Cat.
3. Cow.

D

4. Duck.
5. Dog.

LESSON **69**

Ready, Steady, Go!

1. He must play the violin.
2. They must play tennis.

Let's have fun!

CONCERT.

More fun!

1. Music.
2. Piano.
3. Violin.
4. Piece.
5. Concert.

Nom du compositeur = Mozart.

LESSON **70**

Ready, Steady, Go!

1. You should play the violin.
2. You should drink.

Let's have fun!

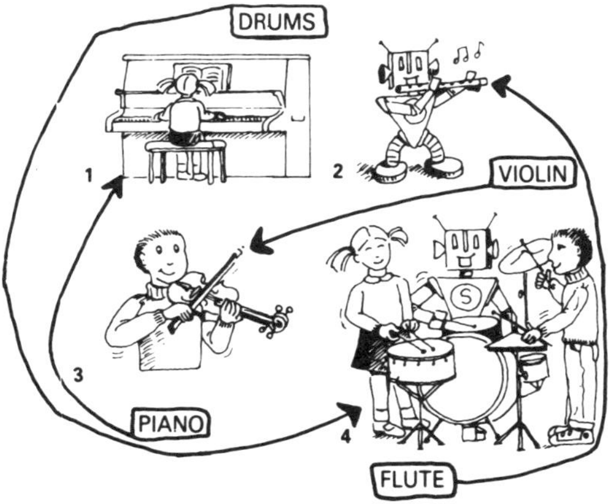

LESSON **71**

Ready, Steady, Go!

1. He's playing with a ball which is big.
2. He's reading a book which is about New York.
3. I'm watching a film which is interesting.

Let's have fun!

					S	T	A	T	U	E
		B	O	O	K					
				E	Y	E				
					S	U	N			
					C	A	R			
	C	H	A	I	R					
				B	A	L	L			
			A	P	P	L	E			
				B	E	D				
F	L	O	W	E	R					

Mot fléché : SKYSCRAPER.

LESSON **72**

Ready, Steady, Go!

1. Tell me about the elephant.
2. Tell me about Shapy.
3. Tell me about the cat.

Let's have fun!

1. What an interesting book!
2. What a big tower!

More fun!

1. LIFT.
2. TOWER.
3. IRON.
4. FLOOR.

LESSON **73**

Ready, Steady, Go!

1. *Q.* Can you tell me the way to the cinema?
   R. It's the second street on the right.
2. *Q.* Can you tell me way to the baker's?
   R. It's the first street on the left.

Let's have fun!

1. Doctor ← *(à gauche).*
2. Cinema → *(à droite).*
3. Baker's ← *(à gauche).*
4. School ↑ *(tout droit).*

More fun!

Go STRAIGHT on then turn RIGHT. Go straight ON. It's the SECOND street on the LEFT.

LESSON **74**

Ready, Steady, Go!

1. *R.* I was at a bank.
2. *R.* I was at a school.
3. *R.* I was at a cinema.

Let's have fun!

				1		**2**					
				B		F					
				L	**3**	O	A	K			
				A		R					
			4	C	H	E	S	T	N	U	T
				K		S					
				B		T					
				I							
5	S	P	A	R	R	O	W				
				D							

1. Blackbird.
2. Forest.
3. Oak.
4. Chestnut.
5. Sparrow.

LESSON 75

Ready, Steady, Go!

1. He's going to Jessica's. 2. She's going to Ben's.

Let's have fun!

								H									
						T	H	A	N	K	S	G	I	V	I	N	G
1	V	E	G	E	T	A	B	L	E	S							
				2	T	A	B	L	E								
				3		B	R	O	O	M							
						4		W	I	T	C	H					
				5		S	W	E	E	T							
6				T	U	R	K	E	Y								
								N									

Mot fléché = HALLOWEEN.

LESSON 76

Ready, Steady, Go!

1. I enjoy swimming.
2. I enjoy watching T.V.
3. I enjoy playing.

Let's have fun!

1. I don't enjoy playing tennis.
2. I don't enjoy playing football.
3. I don't enjoy swimming.
4. I don't enjoy eating.

LESSON 77

Ready, Steady, Go!

1. Jane comes from England.
2. Sali comes from Morocco.
3. Carmen comes from Spain.

Let's have fun!

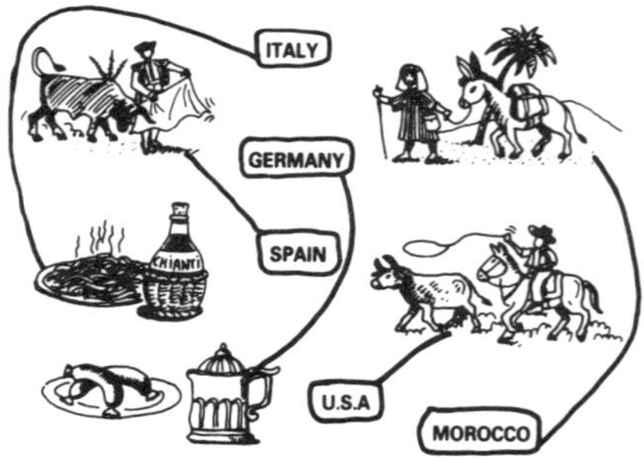

LESSON **78**

Ready, Steady, Go!

Question: Who are these soldiers with funny hats?
Réponse: It's the Changing of the Guard.

Let's have fun!

1. Queen.
2. Happy.
3. Feet.
4. Sister.
5. School.
6. Read.
7. Small.
8. Sunny.
9. Date.
10. Monday.
11. Cut.
12. January.
13. Sit.
14. Look.
15. See.
16. Under.
17. These.
18. Meat.
19. Hour.
20. On.
21. Water.
22. Egg.
23. An.

LESSON **79**

Ready, Steady, Go!

1. Beach towel.
2. Suitcase.
3. Swimsuit.
4. Tennis racket.

Let's have fun!

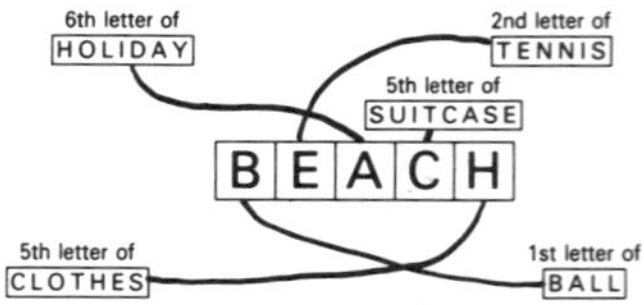

Lisa, Steven and Shapy are going to the BEACH.

LESSON **80**

Ready, Steady, Go!

1. What's the weather like? – It's cold and it's raining.

2.What's your house like?
– It's big and it has two floors.
3. What's Paris like?
– It's a very beautiful city.

Let's have fun!

1. Plane A is taking off.
2. Plane B is landing.
3. Plane A is bigger than plane B.

LESSON 81

Ready, Steady, Go!

1. The receptionist is giving a key to John.
2. The porter is carrying luggage.

Let's have fun!

Phrase :
John booked two single rooms.
Réponse : NO ☒

LESSON 82

Ready, Steady, Go!

1. Mice.
2. Shoes.
3. Plane.
4. Suitcase (ou bag).
5. Snake.
6. Cat.
7. Hat.
8. Book.
9. Trousers.
10. Parasol.

LESSON 83

Ready, Steady, Go!

Bucket - Tide - Sand - Towel - Spade - Beach - Sea - Sandcastle - Shrimp.

LESSON 84

Ready, Steady, Go!

1. Shapy can't ski.
2. John can't cook.
3. Steven can't drive.
4. Shapy can't play the piano.

Let's have fun!

H	O	T	W	A	V	E	S	O	D
S	W	I	M	M	I	N	G	R	I
S	B	S	P	L	A	S	H	I	V
P	O	W	A	T	E	R	C	N	E
A	A	C	R	A	W	L	E	G	F
D	T	F	I	S	H	I	N	G	I
E	S	U	N	C	R	E	A	M	S
W	I	N	D	S	U	R	F	A	H
S	A	N	D	C	A	S	T	L	E
B	U	C	K	E	T	N	S	U	N

The word is OCEAN.

LESSON 85

Ready, Steady, Go!

1. His friends visited London yesterday.
2. I played tennis last Saturday.
3. The gardener planted this tree last year.

Let's have fun!

TO BE = was-were.
TO SEE = saw.
TO TAKE = took.
TO GO = went.
TO HAVE = had.

LESSON 86

Let's have fun!

1. Be → was - were.
2. Find → found.
3. Drink → drank.
4. Eat → ate.
5. Teach → taught.
6. Have → had.
7. Take → took.
8. Go → went.
9. Come → came.

LESSON 87

Ready, Steady, Go!

1. You mustn't smoke.
2. You mustn't walk on the grass.
3. You mustn't touch.

Let's have fun!

1. You must stop eating chocolates.
2. You must brush your teeth every day.
3. You must pack your bag.

LESSON 88

Ready, Steady, Go!

1. I heard from Steven.
2. I heard from Lisa.
3. I heard from Shapy.

Let's have fun!

1. Cry.
2. Travel.
3. Think.

LESSON 89

Ready, Steady, Go!

1. He's already swimming.
2. They're already watching T.V.
3. She's already in the car (ou driving).

Let's have fun!

You'll hear from me soon.

LESSON 90

Ready, Steady, Go!

1. I miss my parents.
2. I miss my dog.
3. I miss Shapy.

Let's have fun!

DEAR Shapy,
Thank you for your LETTER.
We MISS you very much. We think about YOU every day.
We hope to SEE you SOON here or on Twinky.
We LOVE you.

Lisa and Steven

MAQUETTE FRANZ HUBSCHER

IMPRIMÉ EN FRANCE PAR BRODARD ET TAUPIN
Usine de La Flèche (Sarthe).
LIBRAIRIE GÉNÉRALE FRANÇAISE - 6, rue Pierre-Sarrazin - 75006 Paris.
ISBN : 2 - 253 - 05768 - 1 30/8083/5